海外中国研究丛书

——到中国之外发现中国

G. William Skinner

［美］施坚雅 著　史建云　徐秀丽 译

寻找六边形

中国农村的市场和社会结构

Marketing and
Social Structure in
Rural China

江苏人民出版社

图书在版编目(CIP)数据

寻找六边形：中国农村的市场和社会结构 /（美）
施坚雅著；史建云，徐秀丽译. — 南京：江苏人民出
版社，2024.5
（海外中国研究丛书 / 刘东主编）
书名原文：Marketing and Social Structure in
Rural China
ISBN 978 - 7 - 214 - 29068 - 7

Ⅰ.①寻⋯ Ⅱ.①施⋯ ②史⋯ ③徐⋯ Ⅲ.①农村市
场-社会结构-研究-中国 Ⅳ.①F723.82

中国国家版本馆 CIP 数据核字(2024)第 083404 号

Marketing and Social Structure in Rural China by G. William Skinner
Originally published by Association for Asian Studies
Copyright © 1993 by Association for Asian Studies
Simplified Chinese edition copyrights © 2024 by Jiangsu People's Publishing House
江苏省版权局著作权合同登记图字：10 - 2021 - 424 号

书　　　名　寻找六边形:中国农村的市场和社会结构
著　　　者　[美]施坚雅
译　　　者　史建云　徐秀丽
责 任 编 辑　康海源
装 帧 设 计　周伟伟
责 任 监 制　王　娟
出 版 发 行　江苏人民出版社
地　　　址　南京市湖南路 1 号 A 楼,邮编:210009
照　　　排　江苏凤凰制版有限公司
印　　　刷　苏州市越洋印刷有限公司
开　　　本　652 毫米×960 毫米　1/16
印　　　张　13　插页 4
字　　　数　145 千字
版　　　次　2024 年 5 月第 1 版
印　　　次　2024 年 5 月第 1 次印刷
标 准 书 号　ISBN 978 - 7 - 214 - 29068 - 7
定　　　价　68.00 元

(江苏人民出版社图书凡印装错误可向承印厂调换)

序"海外中国研究丛书"

中国曾经遗忘过世界，但世界却并未因此而遗忘中国。令人嗟讶的是，20世纪60年代以后，就在中国越来越闭锁的同时，世界各国的中国研究却得到了越来越富于成果的发展。而到了中国门户重开的今天，这种发展就把国内学界逼到了如此的窘境：我们不仅必须放眼海外去认识世界，还必须放眼海外来重新认识中国；不仅必须向国内读者迻译海外的西学，还必须向他们系统地介绍海外的中学。

这个系列不可避免地会加深我们150年以来一直怀有的危机感和失落感，因为单是它的学术水准也足以提醒我们，中国文明在现时代所面对的绝不再是某个粗蛮不文的、很快就将被自己同化的、马背上的战胜者，而是一个高度发展了的、必将对自己的根本价值取向大大触动的文明。可正因为这样，借别人的眼光去获得自知之明，又正是摆在我们面前的紧迫历史使命，因为只要不跳出自家的文化圈子去透过强烈的反差反观自身，中华文明就找不到进入其现代形态的入口。

当然，既是本着这样的目的，我们就不能只从各家学说中筛选那些我们可以或者乐于接受的东西，否则我们的"筛子"本身就可能使读者失去选择、挑剔和批判的广阔天地。我们的译介毕竟还只是初步的尝试，而我们所努力去做的，毕竟也只是和读者一起去反复思索这些奉献给大家的东西。

刘　东

目 录

英文出版者重印说明

当《亚洲研究杂志》首次发表这篇由三部分组成的文章时，就希望它经过修订以后最终会作为一部单独的著作出版，以便让读者更容易接受，并确保人们把它当作一个整体而不是独立的各个部分来阅读和应用。这部著作事实上被应用得相当广泛，以至于现在需要重印。作者是把这部著作作为一个整体来构思和写作的，但人们阅读时常常不把它当作一个整体，单独使用某一部分——举例来说，第一部分——则有损于作者和读者，现在这个单行本强烈地提醒读者，这是一部完整的著作。

序 *

在这部著作中，①我对中国农村的市场活动作了一些局部的描述和初步的分析。这个被忽视的课题所具有的意义远远超出了严格的经济学内容。由于这里描述的中国的这种市场结构，显示出了以"农民"社会或"传统农耕"社会文明著称的所有特征，它特别引起了人类学家的注意。在这类重要形态的复杂社会中，市场结构必然会形成地方性的社会组织，并为大量农民社区结合成统一的社会体系——完整的社会——提供一种重要模式。对这类复杂社会已经完成了大量研究，而中国社会所具有的异乎寻常的长期性和稳定性允许很多地区的市场体系在现代化开始之前达到充分成熟，加上可供利用的长达几个世纪的关于中国市场的文献为研究传统社会内部全面的发展和变化提供了丰富的史料，因而这个中国案例对于传统农耕社会中农民交易活动的比较研究具有重要的意义。

对农村市场的研究还能够帮助了解哪些变化构成了对传统体系的背离，这些变化标志着一个传统的农耕社会向现代工业社

---

* 本序原为第一部分的引言。

① 本书最初是为参加当代中国研究联合会中国社会研究分会于 1963 年 11 月 1—2 日在多伦多举行的"中国社会变革进程"研讨会而作。书中有关市场社区的内容经修改和缩写后曾于 1964 年 2 月 10 日在伦敦政治经济学院作为大学讲座发表。

1

会转化的开始。市场分布和交易行为方式的基本变化为现代化进程提供了一个综合性指标。因此,在近代中国历史中可以划分开的每一个阶段中,农村交易活动都应该受到密切的关注——当代共产党执政时期也不例外。在最近 10 年中,由于集体所有制单位和市场体系之间的一致性得到证实,这一课题呈现出更多的意义:我这部著作的部分意图就是要说明,对中国农村 1949 年以来的发展的充分阐释必须依靠对前现代农民交易活动的优先分析。

尽管有关中国地方市场的学术著作相对少见,[①]可供分析的

[①] 在文献搜寻方面,加藤繁做了开拓性的工作。他和另外三位日本学者开始了对方志的系统利用。加藤繁,「清代に於ける村鎮の定期市」,『東洋学報』第二十三卷第二号,1936 年 2 月,第 153—204 页。倉持德一郎,「四川の場市」,『日本大学史学会研究彙報』(通号 1) 1957 年 12 月,第 2—32 页。増井經夫,「廣東の墟市―市場近代化に關する一考察―」,『東亜論叢』第四輯,1941 年 5 月,第 263—283 页。山根幸夫,「明清時代華北における定期市」,『史論』(8),1960 年 11 月,第 493—504 页。中国学者写过两篇较短的论文,论述较早期朝代中的农村市场,他们没有当时的地方志可供利用。何格恩,《唐代岭南的墟市》,《食货》5 卷 2 期(1937 年),第 35—37 页。全汉昇,《宋代南方的墟市》,《历史语言研究所集刊》第 9 卷(1947 年),第 265—274 页。对农村市场的田野调查是由中国社会学家们开始的。乔启明和杨懋春,两人都在康奈尔大学受过农村社会学的教育,最早认识到了市场体系的社会意义。杨庆堃 1932—1933 年做的田野调查至今仍是第一流的。乔启明,《乡村社会区划的方法》,金陵大学《农林丛刊》第 31 号(南京,1926 年 5 月)。乔启明,《江宁县淳化镇乡村社会之研究》,金陵大学《农林丛刊》新编号第 23 号(南京,1934 年 11 月)。Yang Ch'ing-k'un (杨庆堃,C. K. Yang),*A North China Local Market Economy*,mimeo (New York:Institute of Pacific Relations,1944)。Yang Mou-ch'un (杨懋春,Martin Yang),*A Chinese Village:T'ai-t'ou,Shantung Province* (New York,1945)。杨懋春,《中国的集镇区与乡村社区》,《社会学刊》第 1 卷(1963 年 12 月),第 23—39 页。日本人对华北的田野调查也产生了一批相关的文献,其中最重要的两种是:中国農村慣行調査刊行会編,『中国農村慣行調査』(东京,1952—1958 年),共 6 卷;天野元之助,「農村の原始市場」、「農村市場の交易」,载『中国農業の諸問題 下』(东京,1953 年),第 69—174 页。还要注意两种很有用处的四川市场的实地研究:Liao T'ai-ch'u(廖泰初),"The Rape Markets on the Chengtu Plain,"*Journal of Farm Economics*,XXVIII,No. 4 (Nov. 1946),1016 - 24. J. E. Spencer,"The Szechwan Village Fair," *Economic Geography*,XVI,No. I (Jan. 1940),48 - 58.

原始资料却十分丰富。数千部方志——为县或其他行政单位编写的地方性的志书——提供了地方市场和通常有关交易过程本身的异常详尽的资料。在共产党执政之前的过渡时期,外国观察者的描述、地方报纸的报道、通过实地调查积累起来的原始数据,以及学者们田野调查中的点滴资料,都成为前述史料和其他传统文献的补充。研究中国大陆农村市场——无论 1949 年以前还是以后——的最丰富的资料来源是大批来自大陆而现在台湾、香港和海外的潜在的信息提供者,即那些各自在长达数年的时间中参与过其家乡所属的市场体系的人。这里研究所用的数据来自我本人 1949—1950 年在四川进行的田野调查,①与部分移居美国、中国香港和新加坡的知情人的广泛交谈,大量方志,以及各种其他公开的出版物。② 尽管如此,我几乎没有发掘那些潜在的资料,这部著作也没有达到综合论述的水平。

---

① 这次田野调查得以进行,得到了社会科学研究院和维金基金会(今温纳-格伦人类学研究基金会)的资助。
② 康奈尔大学的斯蒂芬·M. 奥尔森(Stephen M. Olsen)和小威廉·L. 帕里士(William L. Parish, Jr.)有力地协助了研究工作,还要感谢香港联合研究会的肖志和约翰·刘(John Liu),新加坡大学的江炳伦(Joseph P. L. Jiang)以及康奈尔大学的 Yinmaw Kau、市川纪次郎、马大任(John T. Ma)和小威廉·约翰·麦考伊(William John McCoy, Jr.)等人给予的多方面的帮助。

第一部分 [*]

本书第一部分从两个基本问题开始：市场的各种形式和集期安排的规则。在接下去的各小节中，首先将市场结构作为空间的和经济的体系，然后作为社会和文化的体系来分析。

一、市场和中心地

中心地——这个用于城市、城镇和其他具有中心服务职能的聚居性居民点的一般用语——可以用多种方式来定义。这里采用的方式仿效克里斯塔勒（Walter Christaller）和罗希（August Lösch）。[①] 按照这两位学者提出的解析传统，一个特定的中心地可以根据它在连锁性空间体系内的地位来分类，而在这个空间体系内，经济职能是与等级层次相联系的。[②] 可以设想，一种持续

---

[*] 根据《亚洲研究杂志》第 24 卷第 1 期重印，1964 年 11 月，亚洲研究协会 1954 年授权。版权所有。

　　作者当时为康奈尔大学亚洲研究及人类学教授。

[①] 这两部经典著作是：Walter Christaller，*Die zentralen Orte in Suddeutschland*（Jena，1933）. August Lösch，*Die rdumliche Ordnung der Wirtscha ft*（Jena，1944）。页码参照英译本：*The Economics of Location*（New Haven，1954）。

[②] 在这部著作中把对中心地类型的介绍放在对体系的描述之前，仅仅是为了叙述的方便。事实上，对体系的分析先于对所适用类型的分析。

状态的"熵"——多种力量用多种方法在长达很多世纪的时期中作用于中心地体系——如果说不是在事实上导致中心地等级的规律性和职能组合与中心地在空间体系内地位的一致性，至少使它们得到了加强。① 即使如此，在中国长期而相对稳定的王朝后期，对中心地的分析可以毫无困难地以下述假设为依据：一个居民点的经济职能始终如一地与它在市场体系中的地位相符合，而市场体系则按照固定的等级自行排列。

中国农村的居民点复杂多变，在把它们按照一定的意义分类的尝试中，我从基层集镇———一种似乎一直普遍存在于前现代农业中国各个地区的中心地——开始。

传统时代后期，市场在中国大地上数量激增并分布广泛，以至于实际上每个农村家庭至少可以进入一个市场。市场无论是作为在村社中得不到的必要商品和劳务的来源，还是作为地方产品的出口，都被认为是不可缺少的，我用"基层"（standard）一词指这样一种农村市场，它满足了农民家庭所有正常的贸易需求：家庭自产不自用的物品通常在那里出售；家庭需用不自产的物品通常在那里购买。基层市场为这个市场下属区域内生产的商品提供了交易场所，但更重要的是，它是农产品和手工业品向上流动进入市场体系中较高范围的起点，也是供农民消费的输入品向

---

① 这个假设只不过是由贝利（Brian J. L. Berry）提出的用以解释在包括中国在内的某种传统社会中，中心地的不同规律所表现出的一种规模秩序分布理论的延伸（在一个这种类型的分布中，从小到大每提高一个规模等级所需的事件数量是一个固定的级数，在中间排列中没有缺失）。在"克里斯塔勒-罗希式等级和城市规模的规模秩序分布"之间建立"和谐共存"方面，这种延伸大胆得让人难以想象。见 Brian J. L. Berry, "City Size Distribution and Economic Development," *Economic Development and Cultural Change*, IX (July 1961), footnote 4, p. 573 and p. 582. 另见 Martin J. Beckmann, "City Hierarchies and the Distribution of City Size," *Economic Development and Cultural Change*, VI (April 1958), p. 246.

下流动的终点。一个设有基层市场的居民点(但并不同时设有较高层次市场),这里称之为"基层集镇"。

低于基层集镇水平的居民点类型各个地区不同,在中国农村大部分地区常见的是聚居型的村庄,在很多地区,这些村庄是基层城镇下面唯一的定居点类型。然而,在一些地方,某种"村庄"中存在一种我在这里称之为"小市"的市场。这种通常被称为"菜市"的小市专门从事农家产品的平行交换,很多必需品难以见到,实际上不提供劳务或输入品,作为地方产品进入较大市场体系的起点,它所起的作用微不足道。小市在中国农村的零星存在,其有限的职能及其处于较大市场体系的边缘地位,这一切使我认为它在中心地的固定等级之外——是一种过渡形式,在多数情况下可以解释为一种初期的基层市场。为了不引起混乱,我用"小市"这一术语既指这种市场,又指这种市场所在的居民点。

在中国还有一些地方,其中四川盆地是突出的例子,既没有聚居型村庄,也没有小市。农民住在分散的或三五成群的农舍中。低于基层集镇水平的仅有的经济交汇点是以"幺店"(字面意思为"小商店")著称的小群店铺。然而,四川盆地人类生态学上的这种异常特征不应被过分强调。四川农村中分散的居住单位自行组成了自然群落,每一个都以一座土地庙为中心,可以称之为"分散型"村庄。如果把它们看作社会体系,四川的分散型村庄和较普遍存在于中国其他地区的聚居型村庄都可以被视为"村庄"。零星存在于四川的幺店,在某些情况下就是分散型村庄的"杂货店",因而等同于中国其他地方最大的聚居型村庄中常有的店铺群。其他幺店,特别是那些由几个店铺组成,并位于与两个或三个集镇等距离的交叉路口的幺店,其职能等同于中国其他地方的小市，可以把它们看作初期的基层市场。实际上，在为我提供四川资料的一些知情人的记忆中，就有一些重新建立的基层市场是由幺店发展而来的。

需要指出的是，这里用"村庄"这个术语来专指没有设立市场的聚居型的居民点。① 对于居民的社会体系来说，"村社"是一个更广泛的聚居型或分散型居民点的名称，它不涉及任何形式的市场。没有一个一般性的术语可以代表小市或幺店，它们是村社与基层集镇的中间和过渡。"集镇"，这里作为专用名词，限于代表经济中心等级体系中层次毗连的三种中心地，其中每一种中心地都相当于一种市场。我们已经描述过的基层市场是这三个层次中最低的一种。按照上升的顺序，另两种分别命名为"中间市场"（intermediate market）和"中心市场"（central market）。先描述一下后者：中心市场通常在流通网络中处于战略性地位，有重要的批发职能。它的设施，一方面是为了接受输入商品并将其分散到它的下属区域去，另一方面为了收集地方产品并将其输往其他中心市场或更高一级的都市中心。至于中间市场，只要说一句话就够了，它在商品和劳务向上下两方的垂直流动中都处于中间地位。这里还要说明一个术语：一个中间市场所在的居民点（但并不同时是一个高一级市场所在的居民点）称为"中间集镇"。"中心集镇"也同样定义。

传统中国等级中较高层次的中心地类型，由于"自然"经济中心和"人为"行政中心之间可能出现的差异而复杂化了。在中国，

---

① 然而，"村庄"这个词在一般文献中被相当普遍地用来指基层市场所在的村镇。例如，斯潘塞（J. E. Spencer）在他研究四川的论文中用"村庄"（village）一词来表示"集镇"（market town），尽管这样做就要给"村庄"下一个他承认并不适用于其他省份的定义。

都市的概念一直与衙门和城墙紧密联系。① 在中国人的传统观念中，一座真正的城市是建有城墙的县治、府治或省治。② 当中华帝国行政系统的等级结构确定时，行政中心地的三分法的分类实际上是自动形成的，但这种行政中心等级与由经济职能决定的较高层次中心地等级之间的联系是怎样的？

有两种简单而片面的答案。一种认为这两个系列的中心地可以重合，另一种则认为它们完全不同。这两种观点都出现于学术著作中，并且，我认为都是错误的。章生道（Chang Sen-dou）实际上给出了第一种回答，③他的较低层次中心地分类法来源于杨庆堃的开拓性的田野调查。杨氏在分析了山东邹平县市场的建立之后，推论出三种中心地，相当于我所说的小市、基层集镇和中间集镇。④ 邹平县碰巧没有较高层次的市场，并且该县县治相当独特地应归类于中间集镇，章氏认可杨庆堃的实例为典型，并进而把这个行政等级中的政区首府**等同**于经济等级中的中间集镇。⑤ 然后，贝利和普雷德（Allen Pred）在他们对中心地研究的

---

① 可以非常肯定地说，在传统中国每个有衙门的居民点都有城墙保护，但是它的逆定理——每个有城墙的居民点都有一个衙门——并不总是正确的。这方面特别令人感兴趣的是卫城（要塞镇）和所城（驻防镇），与县城不同，这些有城墙的市镇中的政府机关对墙外的区域没有司法权。然而我假定这些镇上军事指挥官的总部也被看作一个衙门。

② 县级单位也包括州和厅。关于清代的详细情形可参阅 Ch'iu T'ung-tsu（瞿同祖），*Local Government in China under the Ch'ing* (Cambridge, Mass., 1962), pp. 1 - 7.

③ "Some Aspects of the Urban Geography of the Chinese Hsien Capital," *Annals of the Association of American Geographers*, LI (March 1961), 42 - 44.

④ 杨庆堃对中国市场的分类到此为止是完全可以接受的。然而，他用的术语却存在问题。我用"小"和"基层"来表示的层次，杨氏称之为"基本"和"中间"——这些词在那些只有很少或没有小市的地区使用时显得很不合情理。

⑤ 章氏用了一个极为不典型的例子——陕西省潼关县——来说明他的分类法。潼关县治所在地肯定是一个中间集镇，但这个县异乎寻常地小，人口和面积都不足全国平均水平的1/5。当然，具有平均规模的县，其县治所在地更可能有中心市场。

颇有影响的评论中，①贸然肯定章氏的论文确定了传统中国中心地的"经典等级"，并引证了一个鲁莽的分类法，把较高层次的行政首府移植到一系列经济等级中较低层次的中心地中。

两种可能片面的答案中的第二个由费孝通提出。② 按照费氏的分析，有两种类型的城市中心——"驻防镇"和"集镇"，它们之间肯定存在着各种差异。它们在位置、"外观"和职能方面都不同。前者是有城墙的市镇，从一开始就是人为建造的，建造位置则出于防御的考虑，它们适用于行政职能。反之，集镇没有城墙（或至多有一座不那么坚固的非公共建筑的碉堡来保卫），在一个区域内自然增多，位置与运输网络紧密一致，它们适合于商业职能。为支持他的观点，费氏特别提出，由于很多集镇的人口和商家规模都超过了邻近的驻防镇，这两种中心地的规模顺序有相当大的重合。③

尽管费氏关于驻防镇和集镇的构想很有启发性，但他关于县治和其他行政中心通常不具有商业职能的设想是个明显的错误。在这方面，我所调查的所有县城都至少拥有一个市场，并且可以按照它在**市场体**系中的地位归类于一种已知的中心地。同时，必须同意费氏所说的，在同一等级层次的经济中心地，既可以建立行政中心，也可以建立非行政集镇。在这个问题上，章氏犯了简单化的错误。

通过参考章氏研究集镇所依据的杨庆堃调查过的地区，可以更好地说明这个错误。很容易弄明白，既是县城又是中间集镇的邹平，在经济上依赖周村这一在行政等级中毫无地位的中心集

---

① Brian J. L. Berry and Allen Pred, *Central Place Studies: A Bibliography of Theory and Applications* (Philadelphia, 1961), p. 153.

② *China's Gentry: Essays in Rural-Urban Relations* (Chicago, 1953), Ch. v.

③ "在太湖地区我家乡的县城吴江这个驻防镇，与邻近的集镇——如震泽——相比，要小得多，也不够繁荣。"见前书，第103页。

镇。周村在行政地位上低于它所在县（长山）的县城，而在经济方面，长山像邹平一样，只拥有一个依赖于周村中心市场的中间市场。① 湖南湘潭县的一个河运港口株洲，提供了一个类似的实例，这也是一个在行政等级中没有地位的中心集镇。还可以引证一个相关的例子：四川华阳县在 1949 年拥有 8 个以上的中间集镇和一个中心集镇，但没有一个是县城。

在我看来，行政中心和经济中心这两个等级系列重合或一致的程度，只有通过分析一个具体地区的市场结构才能确定；要把这个地区的中心地按照它们在市场体系中的经济职能和地位进行分类，然后才能与每个中心地的行政地位作比较。我并没有做得很彻底，但通过分析中国一些相当分散的地区的市场结构，我把高于中心集镇的中心地分为两个层次，并提出一些总的归纳。这里把所提出的分类和用语概述如下：

中心地类型	市场类型	最大属地
［小市］	［小市］	［小市场区域］
基层集镇	基层市场	基层市场区域
中间集镇	中间市场	中间市场区域
中心集镇	中心市场	中心市场区域
地方城市		城市贸易区域
地区城市②		地区贸易区域

① 不能把周村在中心地等级中地位的提高看作是这个镇从 20 世纪初就有的铁路联系造成的异常现象。正相反，铁路的建成加速了周村商业重要性的下降，并最终使它的经济依赖于铁路的两个终端——青岛和济南。阿姆斯特朗（Alexander Armstrong）1890 年对山东中心地所作的综合性调查表明，当时周村、济宁（一个州治）和潍县在中心地的经济等级中不是地方性的就是地区性的城市——在经济地位上优于省会和大多数府治。此外，根据阿姆斯特朗对中心集镇的描写，在山东至少可以明确分辨出 5 个没有行政地位的镇。Alexander Armstrong, *Shantung* (Shanghai, 1891), pp. 57 – 72.
② 这些较高层次的中心地通常拥有数个市场。这类城市中心交易活动的复杂结构不在本书中讨论。

我的初步分析表明，只有一小部分中间集镇成为县城或较高层次行政单位的首府，但三种最高层次的中心地中相当大部分具有这类行政地位。在晚清，作为县级政府所在地的都市（但并不同时是府城或省城）往往是中间或中心集镇，后者更为常见，府治常常不是中心集镇就是地方性城市，而大多数省城在上述中心地等级中应该归类于地方或地区性城市。

一般说，在这个等级分类中，当从一种中心地上升到上一级中心地时，居民的户数会增加，①而从事农业生产的劳动力比重则会下降。此外，从村庄到中心集镇之间，每一类型与前一种相比都更可能建有城墙，更可能奉祀城隍——一种具有种种美德的城市神。典型的中间集镇至少有一部分围有城墙，并有一座城隍殿。传统时代的中心集镇和城市通常完全围有城墙，并有一座正式的城隍庙，甚至那些像周村一样没有正式行政地位的中心地也是如此。由此可以看出，中心地等级类型中的地位通常与都市化相关——无论是用都市社会学家们所熟悉的变化多端的术语来定义，还是用中国普通人的常识性术语来定义。②

二、周期性和集期

在清代中国，如同在大多数传统的农耕社会中一样，农村市

---

① 看来在同一个体系中不同层次的中心地规模几乎不会相同。即是说，地方城市的户口通常比任何隶属于它的中心集镇都多；每个中心集镇的户口都多于它下属的任何中间集镇等等。例如，四川华阳县的一个中心集镇——中兴镇，1934 年约有 2650 户，它下属的中间集镇都明显小得多，户口从 360 户到 900 户不等。再往下，每个中间集镇户口都多于它下属的任何基层集镇。只引证一个实例：中和场这个中间集镇 1934 年有 900 户人家，而它下属的基层市场规模在 50 到 278 户之间。《华阳县志》，民国 23 年（1934 年），卷 1。

② 三种集镇等级之间的其他一些差异将在后文中介绍。

场通常是定期而不是连续的,它们每隔几天才集会一次。传统农村市场的这一特征可以从几个方面来理解。

就生产者或贸易者方面说,市场的周期性与个体"商号"的流动性相联系。用扁担挑着商品从一个市场到下一个市场的流动小贩是中国行商的原型。但随身带着他们的"工场"的流动手艺人和修理工,以及其他提供从写信到算命等各种劳务的流动人员也是传统农村市场的特点。为什么会有这些流动?实际上是由于任何单独的农村市场的市场区域所包容的需求总量都不足以提供使业主得以维生的利润。通过周期性间隔变换自己的位置,业主能够吸收几个市场区域的需求,从而达到生存水平,[1]从流动业主的视角出发,市场活动的周期性可以在某些特定的日子把对其产品的需求集中在有限的地点。当一组互相联系的市场按共同的周期性(而不是每天)时间表运营时,业主就可以按照每个集镇的集期依次巡回于各个集镇。

在这方面,传统中国社会中经济角色的不确定性也起了作用,因为一个既是生产者又是贸易者的商家会发现,即使只有一个市场,周期性也是有利的,而且,交易活动的周期性把需求集中在某些日子,从而使这类商家得以用一种最为有效的方式把生产和销售结合起来。这不仅有利于集镇上店铺中的手工业者,也有利于从事家庭工业的农民,以及偶然出售蛋类的家庭主妇,每个这样的生产者都是他自己的推销员。

从消费者的视角出发,市场的周期性相当于一种使他不必为获得所需商品和劳务而长途跋涉的方法。这里我们从农户平均

---

[1] 关于定期交易活动这一方面的复杂描述见于 James H. Stine, "Temporal Aspects of Tertiary Production Elements in Korea," Urban Systems and Economic Behavior, ed. Forrest R. Pitts (Eugene, Ore., 1962), pp. 68 - 78.

需求的有限性入手。普遍的贫困、强调节俭的价值观和传统的消费方式，都使农民家庭的维生需求限制在极低水平。此外，这些需求中相当大的部分无须市场供给，因为农民家庭生产了（或通过实物工资得到）它的消费资料的大部分，自给乃是一种美德。在这种情况下，(1) 农户并不需要天天上市场，(2) 维持一个每日市场所需的户数非常之多。在中国农区的大多数地区，特别是在 18 世纪以前这个国家农村人口相对稀少的时候，维持一个每日市场所需的户数会使市场区域过大，以致边缘地带的村民无法在一天之内往返赶集。然而，一个每 3 天或 5 天开市一次的市场，即使它下属区域内的村庄数目下降到 1/3 或 1/5，也能够达到必要的需求水平。这样，当市场是定期而不是逐日开市时，集镇就可以分布得更为密集，以使最大量的条件较差的村民能够在一段合适的时间之内赶集。① 甚至当一个市场体系内的户数增加到这个市场上的需求足以使它改为每日市场时，从农民消费者的观点看，只要每 5 天或 6 天进行一次交易活动是满足这个家庭需求的最有效的方式，改为每日市场就几乎不会有什么好处。

需要指出的是，无论人们怎样解释传统市场的周期性，交通水平都是一个决定性的变量。正是"距离的摩擦力"既限制了商家的需求区域，又限制了一个市场的下属区域。因此，根据上面的分析，在传统农耕社会中，市场的周期性起到了补充相对原始状态的交通条件的作用。

随着流动的商家和流动的消费者汇聚于农村市场上而出现的经济活动的律动规定了所有传统农耕社会的基本生活节奏之

---

① 斯坦恩（James H. Stine）简洁地说明了这个问题："消费者由于服从时间的约束而使他们自己免去了空间的约束。"(p. 70)

一。交易活动"周",与其他多种调节任何社会人类活动的周期一样,可以根据需要分为自然的或人为的两种。前一种形式的周期①受天体运行的约束,明显的例子是阴历月和阳历年的不同季节。后一种形式的周期每重复一次的天数完全无视由日月运行决定的历律。即使这种周期最初是非人为的,例如西历的月份,它们也已经脱离了使它们得以产生的自然周期。大多数传统的农耕社会只有一个集期体系,由一种或另一种周期来协调。爪哇传统社会的 5 日交易周和封建英国的 7 日交易周都是典型的人为周期。而德川时代日本的 10 日交易周是一个交易节奏依赖于自然周期——这里是阴历月——的范例。在中国,**两种**形式的交易周都有,每种都有一系列变形。

回顾一下中国所有短期的时间周期会使问题更容易得到说明。② 首先,有两种完全不依赖太阳或月亮的运行而重复的周期。一是"旬",以 10 天为一循环。周期中的每一天都以有固定顺序的十个"干"中的一个命名。另一种以 12 天为一循环,周期同样由固定顺序的十二"支"来命名。干和支从商代起就一直用来记日,③直到今天为中国农民编制的历书上仍记有阴历每一天的"干"和"支"。另一种很早就开始通行的周期来自回归年划分

---

① 这里我排除了所有自然单位中最基本的一种——以 1 日为周期。

② 与集市相反,长期的周期仅与会期有关。有关中国的英文文献中常常用"会"(fair)既表示定期市场又表示以年或其他长期周期定时间的节庆日,这是不妥当的,至少在中国的情况下这一用语应该标准化,因为会和集市的职能不同,它们的周期长度不重合,中国人自己对这两者之间概念上和修辞上的差异是明确的。"会"和"庙会"专指我所说的"会"(fairs),而"市场"(markets)的名称通常采用下述名称中的一种或几种:市、集、墟和场。集及其组合流行于北方,墟及其组合流行于东南,场及其组合则流行于西南。

③ Joseph Needham(李约瑟),*Science and Civilization in China*,Ⅲ(Cambridge,1958),p. 396。"在商代它们被严格地用来记日。也把它们用于记年的做法直到西汉末年才出现……"

的与太阳运行有关的 24 个双周（节气）。每个节气的头一天都有一个与北方季节循环有关的传统名称，它们同样被记载在中国农村通用的历书中。这些节气的日期为农民提供了需要用其指导农业活动的季节循环在"太阳"年中的固定点。

传统中国其余的短期周期与阴历月相联系。由于阴历月或叫朔望月与地球自转并无有机的联系——平均每月 29.53 天，阴历月不可能无限期地以同样多的天数重复，在中国，习惯上 29 天的月和 30 天的月交替出现，尽管在长时期中 30 天的月出现得稍多。这种情况下，显然对阴历月任何进一步的细分都不可能连续按同样多的天数重复，阴历月约束的交易活动的节奏也没有一致的规定。

与本文内容有关的中国月的两种习惯上的细分是阴历的 10 天，也用"旬"这个词来表示；以及阴历的半月。3 个阴历旬分别开始于阴历月的初一、十一、廿一；在 29 天的月中，第三旬少一天。第一个阴历半月从阴历月的初一到十四，总比第二个半月更短，后者或为 15 天，或为 16 天。①

概括地说，可能与集期相联系的周期有：阴历的旬或 10 天（平均长 9.84 日）、独立的旬（10 日）、独立的十二进位周期（12 日）、阴历的半月（平均 14.765 日）和太阳年的节气（平均 15.218 日）。② 其中只有独立的旬看来没有在近代中国成为集期安排的

---

① 奥斯古德（Cornelius Osgood）在 *Village Life in Old China*（New York，1963）一书第 88 页引证了云南一个农村专业市场的例子，他提出集期也可能由 28 宿——类似于天空中黄道带的分段，可以通过它测量月球的运行（见 Needham，Ⅲ，pp. 233-241）——来协调。奥斯古德写道，马街镇"……以马市和羊市而著称，集市在历书上那些动物所属的日子举行"。马和羊属于 28 宿中第 17 和第 23 个动物的名称，因而也符合云南流行的 6 日交易周。然而，要分析这个问题还需要有比作者已经提供的东西更详细的资料。
② 所有数字来自 Needham，Ⅲ，pp. 390-406。

基础。①

　　中国集期体系中两个最重要的谱系是以阴历旬和十二进位周期为基础的。由于后者较有规律并相对简单,我从后者开始分析。它提供了三个规则的体系,成为 12 日的、6 日的和 3 日的交易周。当然,一个有固定的 12 天周期的市场集日,用十二支之一来标明,6 日周的集日用十二支中的两个,3 日周用四个来标明。六个不同的集期安排组成了 6 日周的集期体系。它们是:

　　　　子——午(即,周期的第 1 天和第 7 天)

　　　　丑——未(第 2 天和第 8 天)

　　　　寅——申(第 3 天和第 9 天)

　　　　卯——酉(第 4 天和第 10 天)

　　　　辰——戌(第 5 天和第 11 天)

　　　　巳——亥(第 6 天和第 12 天)

3 日周的固定时间安排实际上是合并了两个 6 日周的时间安排:或是子——午加上卯——酉,或是丑——未加上辰——戌,或是寅——申和巳——亥。因此在一般采用 3 日交易周的地区,只有三个不同的时间表可供各个市场间分配。

　　以十二进位周期为基础的这三种集期体系,流行于穿越华南的一个西宽东窄的条状地区。十二进位集期的市场与其他市场(集期以阴历旬为基础)的分界线,穿过了云南东北的钩状地带,把贵州大致上一分为二,穿过广西的东北角,在广东结束(我没能确定准确位置)。除了少数例外,十二进位的集期区域似乎限于西江和红水河水系的上游流域(在位于广东和东江地区内的这两

---

① 这里可能会带入一个悖论,因为很可能人为的旬最初是作为古代中国人的交易活动周而产生的(参看 Needham,Ⅲ,p. 397)。

条河流下游的平原及三角洲的市场，使用以阴历旬为基础的集期），①在整个十二进位集期区域中，市场的周期频率从西向东平稳增加。12 日集期相当少见，我所知道的仅有的例子在云南。②总的看来，在云南和贵州，6 日集期在这三种时间表中最为普遍。3 日集期在西部只是偶然出现，主要是在城市周围，在东部出现更普遍。③ 以十二进位周期为基础的集期在所谈到的这些省之外只是极偶然地出现。④

中国其他地区普遍采用阴历旬谱系的集期体系。这一谱系中三个紧密相关的集期体系——每旬有 1 个、2 个或 4 个集日——类似于已经描述过的每 12 天中有 1 个、2 个或 4 个集日的谱系。所有以阴历旬为基础的集期都只用阴历月的三旬中上旬的开市日期来表示。因此，"逢三"市在阴历月的初三、十三、廿三开市，"三—八市"则在阴历月的初三、初八、十三、十八、廿三和廿八开市。有均等集日间隔规定的每旬两次的集期体系表示如下：1—6、2—7、3—8、4—9 和 5—10。除了最后一种，所有的安排都使每个阴历月有 6 个集日，它们可以合并组成各种不同的每旬 4

---

① 对十二进位集期分布的明确描述需要查阅所有现存的地方志或与来自十二进位区域假定边界附近各县的知情人交谈。这里作的暂时性概括所依据的资料很不充分：一小部分地方志与天野元之助（第 81—82 页）提供的有关云南和贵州部分县的集期时间表。
② 罗平县，见天野元之助，第 81 页。
③ 广西上林是一个全部市场都遵循固定的 3 日集期的典型县。《上林县志》，光绪二年（1876），卷 4。
④ 山东半岛上的宁海州州城提供了一个实例：城里和紧挨着城的 5 个市场采用了前述 6 种可能的规则集期中的 5 种（山根幸夫，第 500 页）。还应该特别提出山西太平县的两个市场的奇怪情况。它们的集期在阴历月中的日期是：3—9—15—21—27 和 5—11—17—23—29（山根幸夫，第 500 页）。可以肯定，这种 6 日集期如果不是一个用阴历日期记述的十二进位的 6 日集期，就是这种集期向阴历月的变形。

次的集期,表述如下:①

$$1-3-6-8$$
$$2-4-7-9$$
$$3-5-8-10$$
$$1-4-6-9$$
$$2-5-7-10$$
$$[1-3-6-8]$$

这些集期安排规定了每个阴历月有 11 或 12 个集日。

每旬一次的集期在中国很少见。② 有这种集期的农村市场在很大程度上限于边远山区或诸如山东半岛顶端的边缘地区。③ 相反,每旬两次的集期在中国各地最为普遍,广西可能例外,中原 18 个省中没有一个找不到实例,在华北大部分地区这种集期最普遍。每旬 4 次的集期通常用于其基层市场为每旬两集地区中的中间市场或中心市场。

集期体系中另一种较重要的阴历旬谱系规定每 10 天有 3 个集日。它由下列时间表组成:

$$1-4-7$$
$$2-5-8$$
$$3-6-9$$

---

① 一个集期体系中的各个时间表以这里采取的形式排列(注意每个竖行里完整的级数),是为了表现它们内在的逻辑性并证实体系中所有的时间表已一无遗漏。

② 费正清、亚历山大·埃克斯坦(Alexander Eckstein)和杨联陞在他们对 19 世纪前半叶中国传统农耕经济的全面概述中,把有 10 日集期的市场当作典型。这种论点让人难以接受,"Economic Change in Early Modern China: An Analytic Framework," *Economic Development and Cultural Change*, IX (October 1960), 7.

③ 实例见天野元之助,第 72 页;加藤繁,第 21 页;山根幸夫,第 499—500 页。

$$4-7-10$$
$$1-5-8$$
$$2-6-9$$
$$3-7-10$$
$$1-4-8$$
$$2-5-9$$
$$3-6-10$$
$$[1-4-7]$$

可以看出，前三种集期再加上 $4-7-10$ 或 $3-6-10$，不仅为集日的间隔规定了最大的规律性，而且提供了一个地区集期的最有效分布。这一体系流行于四川盆地的中心、中国东南部较大的平原和盆地、华中较大城市中心周围的区域，以及其他一些小块地区。每旬 3 集的区域好像是由每旬 2 集的市场形成的海洋中的坚实"岛屿"或"大陆"。

我们已经提到过，每 10 天或 12 天只有一个集日的集期体系在中国很少见。更长的"半月"交易周相应地更为少见。我只见到过一个县——日本占领之前的台湾凤山县——据说有一个市场每个节气开市一次。[1] 至于阴历的半月，我可以举出仅有的两例：20 世纪 30 年代云南大理县，在县城南门和北门内阴历初二和十六举行的"大集"；还有湖北咸宁县的汀泗桥镇，1961 年时有逢阴历初一和十五开市的集市。[2]

还有一组集期体系有待描述，即那些规定市场隔日一次、一

---

[1]《凤山县采访册》，光绪二十年(1894)。

[2] C. P. Fitzgerald(费子智)，*The Tower of Five Glories* (London, 1941)，p. 56；《大公报》，1961 年 2 月 18 日。

日一次和一日两次的体系,这三个体系构成了一组紧密相关的时间表,可以与上面已经描述过的每 10 天或 12 天 1 市、2 市或 4 市的那两组时间表作比较,在这三组集期体系中的每一组中,第二个体系是第一个的两倍,第三个又是第二个的两倍,尽管在习惯上不把任何种类的每日集市看作是定期的,但我见到的中国史料没有留下选择余地。交易活动的脉动不会仅仅由于市场周期长度变得短于一日就必然消失。在这方面应该注意的是,中国农村市场极少有整日的活动,通常它们只持续几个小时。某些市场是下午市或晚市——这些市场在地方志中几乎总是详细注明,但大量的农村市场是上午市,没有详细说明的市都应这样理解。因此,说一个市场是 6 日集,并不意味着那段时间的 1/6 都"在集会中",而是每 6 日中有一个上午的几个小时用于交易活动,同样,一个每日市场并不是从早到晚"在集会中",而只是每天上午(在某些情况下是下午或晚上)有两三个小时。一个每天两市的市场每天有两次经济活动的脉动,一次在上午,一次在下午或晚上。它的周期长度完全与大理的半月集对立。按照本书的用语,当市场变成"连续的"时,就发生了一种质变,使经济中心不仅脱离了定期市场的范畴,而且也脱离了传统经济的范畴。关于这一点,将在第二部分中论述。

隔日市用"单"或"双"来表示,这意味着它们在阴历每月的单日或双日开市。因此,在只有 29 天的月份的月底,单日市就会遇到两个连续的集日,双日市则有两天的间隔。隔日集期通常只在人口密集、都市化或商业化较高的小面积地区内流行。例如浙江省宁波市和慈溪县城之间的平原,成都平原上成都市西边和南边的部分地区,还有河南北部安阳到黄河之间的一个区域。每日市和一日两市很大程度上限于中心集镇和城市。

近代集市周期的地域分布强烈地暗示出，在中国，最古老的集期体系，即黄河流域在古代最初所采用的体系，是每旬1集。西南方最早时则是每12天1集。随着市场结构的发展，可以假定，首先是较高层次的市场，后来是基层市场，通过增加一个新的集日而"加倍"了它们的集期；最终这种每旬2次和每12天2次的集期成为中国农村最常见的体系，①在更往后的阶段，发展中地区的最高层次市场似乎再次加倍了它们的集期。

加倍是增加集日频率最有利的方式，因为它不必打乱旧的时间安排：新的集日可以直接加到旧的上边。这个特点解释了为什么在西南每12天3集的集期（即4日交易周）从未出现过，尽管从头到尾共12天的周期明显地容许这种做法。12日的交易周通过一个简单地把新集日加到旧的时间表中的过程，就可以一分为二成为6日周，再一分为二成为3日周。然而，要从6日交易周改为4日交易周（即从每12天2集改为3集）必然会打乱连续性。现在应该很明显，为什么在1到6日的排列中，所有可能的交易周期中只有4日周在中国很少出现，加倍方法的方便性及其带来的完善的规律性，阻止了十二进位周期中向4日周的改变。而当用旬作测定单位时，没有一个时间表可能出现较多数量的4日周。

但是怎样解释每旬3次集期的普遍存在呢？阻碍每12天3集的那些因素不是也应该在阴历旬体系中起阻碍作用吗？我认

---

① 近代朝鲜农村标准的集期是每旬2集。很可能朝鲜人只是在每旬2集流行于华北之后借用了中国的体系，但看起来更可能的是朝鲜经历了与华北同样的发展。日本现代化前的农村中以每旬1集为标准，猜想日本人在早些时候中国通行每旬1集时借用了中国人的体系。但为什么日本从未出现集期加倍仍然是个令人感兴趣的问题。

为,差别来自每旬 4 次集期天生的不规则。十二进位周期中第二次加倍产生了规则整齐的 3 日交易周,而阴历旬周期的第二次加倍却导致了极不规则的间隔,即 2 日交易周和 3 日交易周的交替。我们在下面将看到,当一个中间市场把集期加倍为每旬 4 次时,实际上,它只是又规定了一个每旬 2 次的集期,以便适应它的两个在职能上(尽管不是在空间上)有区别的市场:一个为它的基层市场体系服务,一个为它的中间市场体系服务。因而,由于集日之间的职能分工,"每旬 4 次"集期的不规律不会发生问题。但当一个每旬 2 集的市场需要增加集日频率时,情况就完全不同了,由于缺乏任何职能差异,集日间隔的明显的不均衡会产生严重的困难,尽管每旬 3 集产生的间隔还有一些地方不尽如人意,但却明显地优于每旬 4 集的体系。① 这一优点与另一个使每旬 3 集体系具有优势的因素偶合:对更频繁集日的需求的压力是逐渐增长的,可以假定一个每旬 2 集的市场管理机构在遇到这些压力时,会偏向于每旬 3 集所造成的 50% 的增长,而不是每旬 4 集所造成的 100% 的增长。一旦每旬 3 集的集期体系在一个地区建立,从每旬 2 集向每旬 3 集转换所带来的不利就变得无关紧要,因为新的基层市场可以从一建立就采用每旬 3 次的集期。

三、作为空间体系和经济体系的市场结构

任何要了解市场结构的社会或经济范围的尝试,都必不可免地要对它们的空间特征作出一些假设。所以,把市场结构作为空

---

① 前面列出的每旬 3 集时间表所规定的市场周期中,3 日周略高于 2/3,其余的为 4 日周。所以,向每旬 3 集改变乃是直接依据这一事实:10 只能被 2 和 5 整除,被 3 除时所得的商比被 4 除更接近于整数。

间体系来分析的一个理由是，在我将来能够从事市场的经济学和社会学研究时，把构成论述基础的各种假设弄得更清楚。另一个理由是便于对变化的研究，因为很碰巧，只有在相关资料按空间排列后，体系变化的——无论是传统的还是现代的——性质才会充分表现出来。

为了阐明作为空间体系的市场结构的有意义的命题，有必要求助于一些简单的模型。为构成这些模型所作的假设中最根本的一点是，所讨论的背景是一个同纬度的平原，各种资源在这个平原上均匀分布。以无懈可击的几何学和还算合理的经济学为基础的理论考虑告诉我们，如果做出这样一种假设，这个背景上的集镇分布就应该符合一个等距离的坐标，好像位于把空间填满的等边三角形的顶点。在理论上，每个市场的服务区域也应该接近于一个正六边形。① 这些预期适用于世界上任何地区——无论是几何学还是经济学都并不特别具有中国性，因而在我能够检验这一命题的中国的 6 个区域中，没有什么特别的东西可记录，大量的集镇都正好有 6 个相邻的集镇，因而有一个六边形的市场区域，尽管这个市场区域受到地形地貌的扭曲。②

———————————

① 罗希著作的第 10 章中论证了正六边形是市场区域最有利的形状这一命题。可以用显而易懂的话具体说明，这个适当的模型有两个必要条件，市场的分布应该使得：1. 在任何一个市场区域内条件最不利的村民，与任何其他区域内条件最不利的村民相比，其不利之处不多也不少；2. 每个市场区域内条件最不利的村民距市场的距离达到最低限度。第一个必要条件意味着模型中的所有市场区域必须有同样的形状和面积，由于图形上所有各部分肯定在某个市场区域中，唯一可能出现的情况是三种"填充间隔"的正多边形，即等边三角形、正方形和正六边形。第二个必要条件说明一个多边形的边越多，在这方面它就越有效。换句话说，当沿着市场区域的边缘从最不利的位置走到最有利的位置时，三角形区域出现的差异最大，正方形区域居中，六边形区域出现的差异最小。

② 然而，这一观点值得注意，因为对于中国农村市场仅有的有关市场区域形状的研究坚持认为它们"……接近于圆形或正方形"（杨庆堃，第 39 页）。

但是,六边形的基层市场区域是不是离散的呢?抑或这些区域之间存在着部分的重合?换句话说,当它们像六边形瓷砖那样拼在一起时,有些村庄正好位于两个六边形之间的分界线上,面向不只一个基层集镇?第一个画出并描述了一个中国基层市场体系的社会科学家杨懋春说:"大体上,尽管没有明确划分的界线,每个集镇都有一个清楚的可以意识到的区域,并把某些村庄中的居民看作它的基本顾客;反过来,这些村民也把它看作他们的镇。"①我对四川的调查使我衷心赞成他的话,在确定我所研究的基层市场区域的界线时,我几乎没有什么麻烦,这个区域内的农民在高店子——我调查的基层集镇——进行他们的大部分交易活动,并认为这是**他们**的市场。② 在理论上有理由预期——如我在第二部分将提到的——一个含有正在建立的新村庄的基层市场区域会经过某个阶段,在这个阶段中,一小部分新建立的村庄与两个或三个市场等距离,但在稳定状态时,没有什么理论上的理由可以用来反对受到经验证据支持的基本离散的假设。③

如果假设基层市场区域在理想状态下是离散的、六边形的、内部星罗棋布着等距离的村庄,那么,几何学的原则就要求集镇周围围绕着整数的完整的村庄环:或是一个环(由 6 个村庄组成),或是两个环(一环 6 个村庄,一环 12 个),或三个环(一环由 6 个村庄组成,一环 12 个,还有一环由 18 个村庄组成),或者更多。这些模型中哪一种最适合于中国?

---

① 杨懋春,1945 年,第 190 页。

② 杨庆堃(第 39 页)述及邹平县的市场区域时说:"……每一个经济细胞……都有它自己的运营边界……"

③ 田野调查者在这方面有时会由于没能区分基层市场和中间市场而受到错误的引导。村民们到两个不同市场上去——一个基层市场和一个中间市场——可能被误解为他们具有两个基层市场体系的成员身份。

经验证据明确指出了带有全部 18 个村庄的两环模型，并不是每一个已知的基层市场体系都有 18 个左右的村庄，更确切地说，我的论断依据是：(1)村庄与基层的或较高层次的市场之比，在中国任何相当大的区域内，其平均值都接近于 18；(2)上述比率的变化可以通过从一种每市场 18 个村庄的均衡状态向另一种状态发展的模型来得到满意的解释——但不能通过设定每市场 6 个或 36 个村庄的稳定均衡模型来解释。有关第二点的资料要留待第二部分，这里我只能选择几个平均值进行适当的说明。19 世纪 70 年代，香山县每个农村市场的平均村庄数是 17.9，曲江县是 19.2，这两个县都在广东。① 对中国农村市场的经典的田野调查——30 年代杨庆堃在山东邹平县作的研究——表明每个基层市场和较高层次市场有 21.4 个村庄。② 1937 年编纂的《鄞县通志》③是中国方志学真正突出的范例之一，它提供的详细资料计算出鄞县的 82 个定期市场平均每个有 20.1 个村庄。我只在 19 世纪 90 年代的广东得以找到涵盖了一个相当大区域的市场及村庄在同一时代的数字记载：该省村庄与市场的整体比例，在当时是 19.6。④

这样，我用图 1 做出的基本模型，就显示出一个六边形的市场区域，集镇位于中央，周围有一个内环，由 6 个村庄组成，一个外环，由 12 个村庄组成。如同经验证明的典型情况那样，这个模型要求从集镇辐射出 6 条小路。

这些小路立刻成为一个经济体系的动脉和静脉，这一体系的心

---

① 《香山县志》，光绪五年(1879)卷 5；《曲江县志》，光绪二十六年(1800)。转引自加藤繁，第 156 页。
② 这一计算所用的资料在该书第 5—6 页。
③ 《舆地志》，册 3，村庄；册 7，市场。
④ 张人骏：《广东舆地全图》，光绪二十三年(1897)，卷 2。

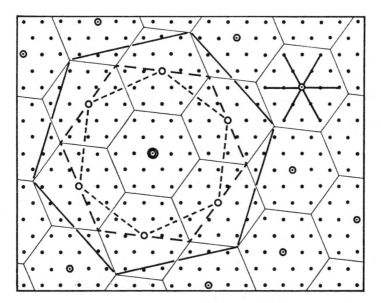

图1　作为稳定的空间体系的中国基层市场区域模型,与三个中间市场区域的可能模型

图例: • 村庄　　　　　　　　——— 基层市场区域边界
　　　 ○ 基层集镇　　　　　　—— 理论可能性
　　　 ◎ 中间集镇　　　　　　— — 模型"A"　　　}中间市场
　　　 ◉ 各种地位的其他集　 - - - - 模型"B"　　}区域边界

脏则是在它中心的集镇上的市场。在每个集日清晨的几个小时中,
生活在各个下属村庄中的成年人每5人中至少有1人会经过这些小
路。在台头这一杨懋春所描述过的山东省的村庄,"村庄中几乎每个
家庭都有某个成员在集日到镇上去"。[1]而在禄村这个费孝通和张
之毅研究过的云南村庄,"……每个集日每户至少有一个人出门"。[2]

---

[1] 杨懋春,1945年,第191页。

[2] Fei Hsiao-t'ung(费孝通) and Chang Chih-i(张之毅),*Earthbound China*(《云南三
村》)(Chicago,1945),p.172。费孝通和张之毅研究过的另一个村庄易村,参加交
易的户数通常要少得多。但这个村庄位于中国农区的一个边远地带,这一地区的
市场区域面积特别大。关于这一点,在下文中再叙述。对于四川盆地,斯潘塞(第
55页)估计在全年中的任何一个集日,平均每两个家庭中就有一个会有代表去赶
集——据我自己的经验,这个比例似乎偏低,还必须注意,很多家庭会有两个或更
多的成员作代表。

在村民们分散回流之前，市场上的几个小时中，典型的基层集镇上可怜的设施承受了严重的负担。大多数这类集镇只有一条真正的街道，缺少一个专门的综合市场。代替它的是一系列小市场，每种产品一个。谷物市场可能设在庙院内，猪市场在镇边，而各种各样容易腐烂的产品和本地生产的小手工业品沿着主要街道各有自己习惯的交易地段。尽管任何一个基层市场上的大多数卖者都可能是流动的，基层集镇上通常还是有一些永久性的基础设施。除了具有社交意义的茶馆、酒店和饭铺，这些设施中有代表性的有一家或几家油行（出售油灯的燃料），香烛店（出售宗教祭祀用品）以及至少几家经营诸如织布机、针线、扫帚、肥皂、烟草和火柴之类商品的店铺。基层集镇通常也有一批手艺人，包括最有代表性的铁匠、棺材匠、木匠以及扎制宗教仪式上燃烧的纸人的匠人。一个基层集镇上也可能建有几个加工本地产品的原始的工场。

基层市场的职能首先是为了满足农民的需求而交换他们的产品。农民不仅需要已经列举出的那些商品种类，还需要磨工具者和阉割牲畜的人、开业医生和"牙匠"、专职宗教人士和算命人、理发匠、形形色色的艺人，甚至于有时需要代书人等提供的劳务。这些劳务中有很多不是在所有集日都能得到，承办这些劳务的流动人员只是不时地到每一个基层市场去。

基层市场体系中还有一些审慎的金融活动。镇上的店铺允许老顾客赊欠。在集日，有些店铺老板或土地所有者把钱借给农民在镇上作交易。农民的互助会通常也在集日时在茶馆中组织，并因此而只限于本体系内的村民。[1] 此外，一些地主还在镇上设

---

[1] 乔启明，1934年，第15页。在这个对南京附近一个市场社区的研究中，互助会的村际成员身份是特别加以介绍的。

立某种向佃农收租的机构。①

在运输方面,村社中普遍有一些无耕地者,像人们通常称呼的那样,他们定期受雇于人做运输苦力(不仅本地的上流人物,还有一些比较"体面"的农民阶层,都避免当众干挑担或推车运送沉重产品这样的体力活儿)。这些人常常沿着为一个市场体系使用的小路运送货物,并由此构成作为空间经济体系的基层市场结构的又一个要素。

尽管基层市场体系的各种活动随着市场周期而波动,但不应该认为它的结构在集日之间全无表现。事实上,很多在四川方言中被称为"热日"的集日上谈妥的交易是在"冷日"履行的,而这种做法既巩固了整个体系,又表现了体系的完整性。在集日售给买主的谷物可能在第二天才起运。小贩在集日打听到谁家有花生要出售,然后在"冷日"上门收购。理发匠顺着村庄的小路到那些在集日就约好的顾客家中去理发。木匠、铁匠和其他手艺人也可以在集上受雇到村民家中去工作。这些交易都发生在首先由基层市场的贸易范围规定的体系之内。

通过上面的描述可以看出,如果从空间的或经济的角度来观察,基层市场体系只不过是一个更大结构的子系统。特别是,在基层集镇和中间集镇或与其有直接联系的更高层次集镇之间,存在着商品和行商的有规律的运动。在一般情况下,基层市场依赖于两个或三个较高层次的集镇而不是只依赖一个。图1的图形

① "地主在集镇上设有租栈并在集日与他的佃农进行接触。"Li Mei-yun, *An Analysis of Social, Economic and Political Conditions in Peng-shan Hsien, Szechwan, China, Looking toward Improvement of Educational Programs*, 未刊教育学博士论文,康奈尔大学 1945 年, p. 223.

展示了这方面的多种可能性。图中三个六边形中间市场区域中范围最大的那个区域——基层集镇只依赖一个较高级集镇的唯一模型——只有在市场体系位于地形上的死角时似乎才适合于中国的情况。例如，在山谷上坡尽头的基层市场只依赖下游的中间市场。然而，甚至在这种情况下，在中间市场下游的基层集镇还可能面对一个位置更下游的中间市场。

在中国，大量的实际事例符合于图 1 中用 A 和 B 标明的、两个范围较小的模型中的一个或另一个，不然就在两者之间。在模型 A 的情况下，每个基层集镇依赖于两个高层次集镇；在模型 B 中依赖三个。图 2 描绘了一个市场基本按模型 A 分布的实例；图 3 则显示了一个适用于模型 B 的可供比较的实例。两套图的设计是为了显示出一般地图上的空间"真实"与本文所用的模型图之间的联系。

这样一来，通常一个基层市场被包容在两个或三个中间市场体系中，而不是只属于单独的一个中间市场体系。这一事实指出了以基层市场体系为一方，中间或更高层次市场体系为另一方，二者之间的一个关键性区别。在包容还是排斥共有的居民点方面，前者基本是离散的，而后者不是。基层市场体系的稳定平衡模型在边界上没有村庄（过渡模型在边界上仅有一小部分村庄），中间市场体系的正规模型则显示出**所有**下属的基层集镇都在边界上，与两个或三个高层次集镇等距离。实际上，尽管中间市场体系范围重叠的部分并不大，但这种重叠具有重大意义，因为除了核心自身，体系内的所有基本中心点通常都不为这一体系所独有。

中间市场体系一个值得注意的特征涉及其区域内的集期分布。在研究中国定期交易活动的著作中，常常假设市场间集期分布的方式是使每个市场开市时间尽量不与邻近市场相同。这样互相呼应的结果是,如斯潘塞所注意到的,[①]村民们差不多每天有集可赶,也可减少邻近的市场间的竞争。然而,不仅农民只需要在距他们最近的基层市场的集期去赶集,而且,集期分配也不是那些著作中推断或设想的那样简单。毋宁说,集期分配的原则是要使一个基层市场与它所邻近的几个高层次市场间的冲突最少,相邻的基层市场的集期则根本不必考虑。换言之,当建立新的基层市场时,所采用的集期要尽量不与邻近的中间市场发生冲突,而不必管邻近的基层市场的集期。

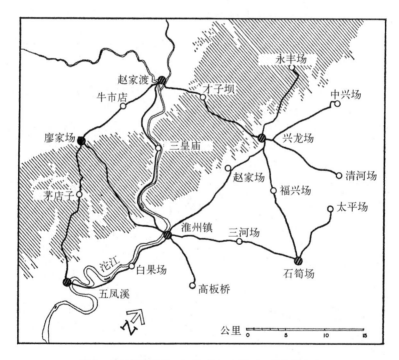

图2 四川经济区的一部分,接近于模型A的集镇分布

2.1 本图19个集镇均位于成都东北35至90公里之间。5个市场(永丰场、中兴场、清河场、太平场和石筒场)在中江县,其余14个在金堂县,图中的山区是龙泉山的一部分。本图只标出连接基层集镇和较高层次集镇的道路。

―――――――――

① 氏著第49页(图1标题)和51—52页。

　　这一点可以通过卷篷寺的例子来说明。这是四川金堂县在光绪朝建立的一个市场。[①] 当它建立时，周围紧邻的四个市场集期如下：西面的是1—4—7，西北的是2—5—8，东面的是3—6—9，南面的是1—5—8。按照与所有相邻市场冲突最小的原则，这个新市场本应采用3—6—10或4—7—10的集期，至少也应该避开任何包含有5—8的集期。事实上，这个新市场选择了2—5—8的集期，理由很简单，它西面(1—4—7)和东面(3—6—9)的集镇支持着这个新市场要依赖的中间市场，而采用2—5—8和1—5—8集期的集镇是与这个新市场没有多少商业联系的基层集镇。

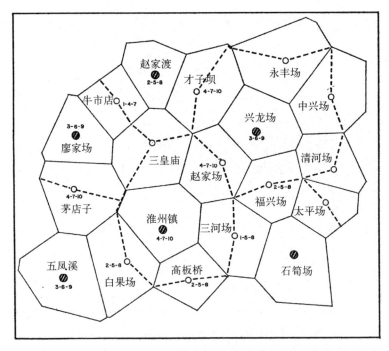

2.2　将上图初步抽象化，显示理论上的基层市场区域和中间市场区域。

---

① 《金堂县志》，民国10年(1921)，卷1，所涉及的集镇之一位于华阳县，其集期据《华阳县志》，民国23年(1934)，卷1。

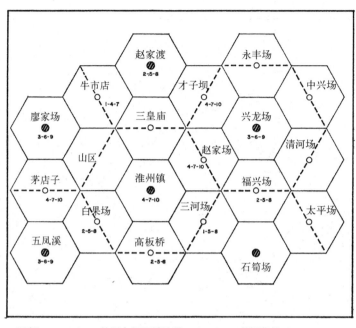

图例：————— 基层市场区域边界　　○ 基层集镇

　　　　- - - - 中间市场区域边界　　◍ 较高层次中心地

　　　　————— 连接基层市场和　　▨▨▨ 海拔 500 米以上的山区
　　　　　　　　中间市场的道路

　　2.3　将上图进一步图解化，和图 1 所图解的模型 A 比较。

　　这种指导原则的一个结果是，毗邻的基层市场常常有同样的集期（注意图 3.2 中的赖家店、高店子和新店子，都是 3—6—9 的集期），而中间市场与它下属的任何一个基层市场通常都没有集期冲突。这意味着在每旬 3 集的区域中如果中间市场的集期为 1—4—7 或 4—7—10，那么所有六个下属的基层市场就必须分享仅余的两个互相协调的集期体系：2—5—8 和 3—6—9。以中和镇为中心的中间市场体系说明了这种情况（图 3.2）。①

———————————

① 采用每 12 天 4 集集期体系的一个类似的实例是以白墟（广西上林县）为中心的中间市场体系，它的集期为寅—申—巳—亥，它下属的 5 个普通市场必须避开白墟的集期并分享其余的两种可能排列。具体集期见《上林县志》，光绪二年（1876）。资料转引自加藤繁，第 26—27 页。

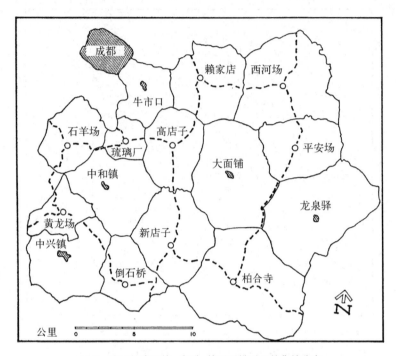

图 3　四川经济区的一部分，接近于模型 B 的集镇分布

3.1　本图 15 个集镇位于成都东南 25 公里半径之内。3 个市场（平安场、龙泉驿和柏合寺）属简阳县，其余 12 个属华阳县。地形变化从平坦到丘陵；龙泉驿位于龙泉山脉西部的丘陵地带。市场区域边界仅是近似的。

　　图 1 特别提到，中间市场区域除了包括所有下属基层集镇的部分基层市场区域，在正中心还有一个完整的基层市场区域。这说明一个重要的事实，即一个中间集镇的作用不仅是这个较大的中间市场体系的中心，而且也是一个较小的基层市场体系的中心。① 如杨庆堃指出的，中间集镇"……通常有两个服务区域。一个初级区域，由附近村庄组成，村民们定期地或至少是经常地赶这个集。一个高一级的区域，包括了较远的村庄，那儿的居民

————————

① 一个农民在他的基层市场上所做的一切，在中间市场上也能够实现。对于那些其最近的市场建在一个中间集镇上的村庄来说，中间市场同时也是基层市场。

只是偶然来赶集,为了买到在他们自己的……(基层)市场上难以
买到的东西"。①

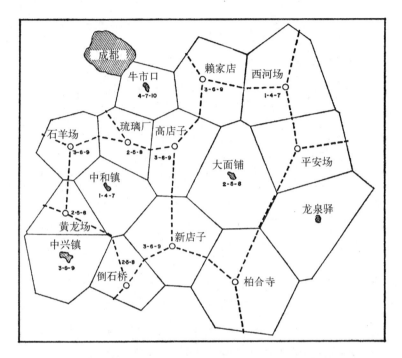

3.2　将图3.1初步抽象化,显示理论上的基层市场区域和中间市场区域。

　　中间集镇的这种二元地位常常反映在这个镇的集日安排中。
在中国通行每旬两集的地区,很多中间集镇采用一种双重集期体
系,固定的两天(比如1—6)通称"小市",其余两天(比如3—8)称
"大市"。② 在这种情况下,市场在小市日起基层市场的作用,而

---

① 中间集镇在分布体系中的位置使它在与邻近的基层市场争夺农民的贸易(即基层
　交易)时具有某些经济优势。中间市场与基层市场相比,地方产品的要价可以略
　高,而外来商品的价格可以略低。因而可以预见以中间集镇为中心的基层市场区
　域比毗连的以基层集镇为中心的基层市场区域的面积要多少大一点。
② 在每旬3集区域中我只见到过一个有双重的"大""小"市集期的类似实例。蔡郎桥
　是浙江鄞县的一个中间市场,那里每逢3—5—8举办"大市","小市"的集期则为
　1—7—10,《鄞县通志》,1937年,舆地志,册7。

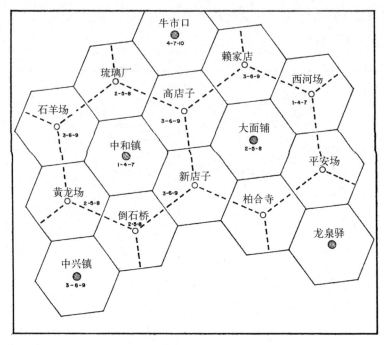

图例：——— 基层市场区域边界　　　○　基层集镇

　　　---- 中间市场区域边界　　　●　较高层次中心地

3.3　将图 3.2 进一步图解化，与图 1 所图解的模型 B 比较。

在大市日起中间市场的作用。因而，尽管依赖这样一个中间市场的基层市场的集期不能与它的大市集期冲突，但与它的小市集期重合没有什么影响。19 世纪初滦州的开平镇提供了一个实例。这个镇逢五逢十举行"大"市，周围市场的集期没有一个与之冲突。它的"小市"为二、七集，周围集镇中有两个基层市场采用同样的集期。[1] 尽管每旬四集集期的不规则对基层市场可能不利，但在像开平镇这样的中间市场，双重集期的不规则很不明显，因为每一个不同职能的市场各自拥有一个规则的每旬 2 次

────────

①《滦州志》，嘉庆十五年(1810)，卷 2。

的集期。

一般说来,如同上述实例所描述的,凡是较高层次市场的集期体系与其下属基层市场不一样时,较高层次市场的集期更频繁。① 我所知的几个情况相反的例子中除一个以外都在城市,并且都可以用等级功能的完全不同来解释何以中间市场并不同时也是基层市场。②

我收集了许多这样的事例:在中间市场体系内,集期的安排是把几个集期系列中的一个为中间市场所独占。事实上,这种集期安排可以用来证明一个已成市场群的体系的真实性。但是为什么要这样执着地避免基层集日和中间集日之间的冲突? 显然主要并不是为了农民方便。如我们引用的杨庆堃的研究已经提到的那样,农民只是偶然地去赶中间市场——为了购买不常用的东西,为了得到某些不常需要的劳务,为了获得一笔较大的贷款,或者为了参加一年一次的宗教庆典。在四川,我曾和一个典型的农民家庭一起生活了 3 个月,他们的农场距一个称为高店子的集镇 3 里远,距另一个集镇牛市口 5 里远,三个月中,户主和他的妻子赶前一个集——他们的基层市场——一共 46 次,而只去了三次后者——他们的中间市场。在任何情况下,任何一种集期分布,只要每旬或每 12 天中有一个中间市场集日不与基层市场的集期相冲突,就可以为农民进行中间交易的需求提供很大的余地。

对于地方上层人士来说情况就完全不同了。使他们不同于

---

① 例如,在湖南醴陵县,1948 年每日开市的市场包括了所有中心市场,10 个中间市场中只包括 3 个,基层市场一个也没有。

② 一个例外是广东大浦县,该县有两个中心市场每旬 2 集,而它们下属的中心市场则是每旬 3 集。

农民阶层的所有一切都促使他们到中间市场去。他们有文化，只有在中间市场而不是基层市场上才能买到书和文具。① 他们的生活方式即使不说是豪华，至少也要有些身份，他们经常需要购买的食品、饰物或衣物对农民来说是太奢侈了，因而在基层市场上买不到。他们是有钱阶级，中间集镇提供的放债和投资的机会是基层集镇上无法比拟的。他们又是有闲阶级，也只有在中间或更高层次的市场上，才有适合于有闲绅士们消磨几个小时的茶馆，特别是酒店。总之，农民的日常需求可以通过基层市场得到满足，而地方上层人物的需求只能由中间市场来满足。

如果说中间市场及其下属的基层市场之间精心协调的集期是为地方上层人物提供了方便的话，对很多本地商人来说它们就是绝对的必要。中国农村中有一大部分行商只在一个中间市场体系内活动，他们在中间集镇上安家，他们需要定期回到镇上出售他们收购的产品并补充存货，并趁此机会与家人团聚。

图 3.3 可以说明中间市场的排他性集期是如何配合行商们的需要的。以中心设在中和镇的体系为例。一个行贩的典型日程是，阴历初一逗留在中间市场上赶集，初二到黄龙场，初三到石羊场，初四是中和镇的集日，他回到镇上，初五到琉璃厂，初六到高店子，初七又回到中和镇赶集，这以后初八到倒石桥，初九到新店子，初十回到中和镇，在十一日参加镇上的交易活动之前休息一天。这样，在每个阴历旬中，这个行贩可以进行一个完整的巡回，在中间市场上度过三个集日，在六个下属的基层市场上各度

---

① 章生道(第 42 页)断言一个县只有县城里有书店。很可能在传统时代，在非县治所在地的中间集镇上，的确很难买到书籍，但并非县的中心集镇——如四川华阳县的中兴镇——在传统时期确实有文具店和书店。到 1949 年，在华阳县的所有中间集镇上都可以买到文具和书籍。

过一个集日。按照这种方式巡回的人包括为农民提供偶尔需求的劳务的人(比方说牙医或代书人)、基层集镇的店铺里不常有的手工业匠人、出售来自中心市场的商品或产自中间集镇的产品的小贩,以及收购代理人,等等。

中心市场体系中也有商贩巡回,特别是那些其产品或劳务的需求量极少,或者在一个集镇上出现太频繁会令人厌烦的人(比如卖膏药的和说书的)。中心市场体系可以有多种空间模型,清代中国最普遍的模型似乎有四种,两种包含了模型 A 的中间市场体系,两种包含了模型 B 的子体系。图 4 中画出了这些模型。巡回方式可以用模型 AB 和图 4 右上方标出的每旬 3 集的集期来表示,按照三角形路线,行商每隔一个集期回到中心市场一次,在四旬(39—40 天)中可以完成一个完整的巡回。在这段时间中,他在中心市场上度过 6 个间隔均匀的集日,在 6 个中间市场上各赶两次集,在 6 个不属于其他中心市场体系的基层市场上各赶两次集,在 6 个也属于其他中心市场体系的基层市场各赶一次集。像这个假设范例中这样集期完全彼此协调的中心市场体系十分少见,但一个中心市场体系中其他的市场通常会避开中心市场的大集集期。下文中将引用的山东省重要集镇周村提供了一个实例。19 世纪初,周村的大集集期为 4—9,全县另外只有一个市场集期与此相同——这个市场在北面很远的地方,很可能在周村的最大交易范围之外。①

某些流动人员的工作高度专业化,并且数量相当少,他们巡回于地方或地区性城市的整个市场体系内。还有一些行商精于

---

① 引自《长山县志》,嘉庆六年(1801),以河北省定县县城为中心的中心市场体系提供了另一个实例,见 Sidney D. Gamble:*Ting Hsine*(New York,1954)。据第 284 页表 88,显然,在该县较低层次市场中没有与县城集日重合的每旬 2 集的集期。

计算,他们在几个互相毗连的市场体系中"工作",通过不同市场体系之间的价格差获利。不过,总的说,行商对中间市场体系比对于更大的、层次更高的市场体系更为重要,在经济等级中从基层集镇到最高中心地,每提高一个层次,集日上行商对坐贾的比例也稳步下降。

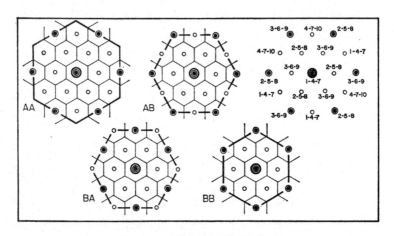

图4　四个中心市场体系的空间模型

每个模型的中心是一个中心集镇。小圆圈代表基层集镇,沿每个体系边缘的较大的圆点代表中间集镇。没有画出村庄。当各个层次的市场都严格按照模型A或模型B分布时,结果便是AA和BB各自所显示的体系。AB和BA体系表示两种模型分布的混合状态。右上方是一个AB体系的市场群,具有每旬3次的规则集期。

　　现在,让我们俯视整个综合交错的市场体系,并首先看一下商品的向下流动。运到中心集镇的外来品和镇上生产的其他商品,部分在中心市场就地出售,部分由在中间市场和基层市场间巡回的行商带入整个中心市场体系,部分进入6个中间集镇的商号。每个中间集镇的商号得到的商品,以及镇上产的其他商品,有同样的分散方式:部分在中间市场就地销售,部分由巡回于这一中间市场体系内各基层市场的行商销售,部分进入6个基层集镇的店铺。在这个向下流动过程中接受商品的商号,在基层集镇上主要是小店铺,在中间集镇上包括为行商提供商品的销售商以及那些兼具批发、零售两种功能的商号,①在中心集镇上包括那些拥有货栈的最高级的批发商。农民所需的消费品和小手工业者需要的商品通过这个体系向下分散到所有市场。地方上层人士所用的消费品和手艺人所需物资只到中间市场,不再向下流动。而主要令官宦感兴趣的消费品和一些工业物资通常在中心集镇就地销售,不再向下流动。

当农民在基层市场上出售产品时,无论是出售给本地消费者,是卖给以基层市场为基地对商品进行加工包装或只包装的商人,还是直接卖给从较高层次集镇到基层市场上来的买主,商品在市场体系内的向上流动就开始了。收购代理人和购买商从中心地和中间集镇到基层市场上来,他们也从地方城市及中心集镇到中间集镇来。无论这些收购商品的商号是商业性机构还是加工或消费地方产品的工业企业,这些商品都通过市场体系上升到了一个更高层次的中心。

山根幸夫研究过河北和山东一些集镇的交易活动,②他弄清了信用等级是与等级结构和收购体系平行的,"行商"不仅依靠信用经营,而且参与了商品向上下两方的垂直流动。例如,一个流动的商贩对于中间集镇上的一个土产商人来说首先是一个买主,他可能同时经营用后者提供的贷款购买的商品,当他在基层市场上巡回时,他既销售各种各样的货物又购买地方产品。

山根幸夫在对山东集镇的研究中指出,至少在清代,政府对小市和基层市场所起的作用,与其对中间市场和中心市场所起的

---

① 参看杨庆堃(第 32—33 页):"孙家庄只有 4 家商店从事一些极有限的批发业务,而在县城则有 7 家商店(两地都是中间集镇),它们的主要精力放在零售业上。"
② 个案的详细描述见氏著第 129 页。

作用之间有着根本的差别。较低层次的市场（用通俗语言说是小集）只有几个无执照的经纪人，他们自我管理、自行收税。相反，中间市场和更高层次的市场（大集）在政府注册，它们的牙行由藩库发给执照，集税成为政府收益的一个来源。[①] "官"集和"义"集之间的正式区别是否为山东独有，以及它在多大程度上符合于小市、基层市场和较高层次市场之间的区别都存在争议，但在传统社会中，一个合理的假设是：一个市场在中心地功能等级中的地位越高，它的交易活动由官僚机构控制和征税的可能就越大。

外来控制的程度和市场类型之间的联系，表明在传统中国，交易活动和行政管理之间存在某些相似之处。两者都是等级体系，体系内每提高一个层次，属地单位也更大一些。在两种体系中，有限的官府力量都集中于较高的层次，中心市场以下的交易体系，和县以下的行政体系一样，只受到较为轻微的官僚控制。

然而，当我们考察这两种结构各自的结合**方式**时，出现了一种根本性差异。行政单位的定义明晰，在各个层次都是彼此分离的，在逐级上升的结构中，所有较低层次单位都只属于一个上级单位。市场体系则相反，只在最低层次上彼此分离，每提高一个层次，每个较低层次的体系通常都面对着两个或三个体系。结果是，与行政结构不同，市场结构采取了连锁网络形式。正是基层市场对两个或三个中间市场体系的共同参与、中间市场对两个或三个中心市场体系的共同参与等等，使以各集镇为中心的小型地方经济连接在一起，并首先组成地区经济结构，最终形成一个完整的社会经济体系。因而，市场对于传统中国的社会一体化具有重大意义，它既与行政体系平行，又超出于后者之上，既加强了后

[①] 山根幸夫，第 502 页。1726 年以前，执照由县或州政府颁发。

者又使后者得到补足。

然而,整体的复杂性不应该让人认为市场体系不是铁板一块就是结构严密。不仅没有一个经济最高点可以与行政上的首都平行,而且界定了这个经济结构的商品流通,按照现代标准看也说不上很重要。此外,如我们在下一节将看到的,每个基层市场子系统都固守着一个独特的经济亚文化群。

四、作为社会体系的市场结构

中国的市场体系不仅具有重要的经济范围,而且有重要的社会范围。特别是基层市场体系,它的社会范围对于研究农民阶层和农民与其他阶层间的关系都值得给予较大关注。作为一个适合于我本节论述目的的重点,此后我把它叫作基层市场**社区**。我相信,有很好的理由来说明,为什么不仅要把这种社区当作一种中级社会结构,而且也要当作一个文化载体——罗伯特·雷德菲尔德(Robert Redfield)的"小传统"[1]在中国的表现——来分析。

研究中国社会的人类学著作,由于几乎把注意力完全集中于村庄,除了很少的例外,都歪曲了农村社会结构的实际。如果可以说农民是生活在一个自给自足的领域中,那么这个领域不是村庄而是基层市场社区。我要论证的是,农民的实际社会区域的边界不是由他所住村庄的狭窄的范围决定,而是由他的基层市场区域的边界决定。

---

[1] Robert Redfield, *Peasant Society and Culture* (Chicago, 1956), p. 70 ff。在中国,把"大传统"设想为一元的和同质的可能只是一种并不严重的曲解,但把它在农民阶层中的对应物设想为多元的和异质的,可以排除任何这类曲解。不是有一个"小传统"而是有很多,这里我倾向于认为每一个都与一个基层市场社区相联系。

　　我们可以从这个区域通常有多大、社区一般包括多少人口开始。为了避免罗列引证众多的实例，我提出一系列估算，把我所能接触到的所有相关经验事例中的资料合并理顺。表1以一个简单的图解模型为基础，指出了一个显著而又极端重要的事实：基层市场体系的大小与人口密度反方向变化。在人口稀疏分布的地区，市场区域必须大一点儿，以便有足够的需求来维持这一市场，在人口密集的地区它们则较小。这个表还提示出一种一般常识不一定能预见的关系：市场社区的平均人口**仅在一个点以前**与人口密度一起增长；当密度超过每平方公里325人时，以及当基层市场区域面积小到27平方公里以下时，市场体系的平均人口开始下降。至于为什么市场区域会随它们所在地区人口的密集而逐渐变小，要充分理解这一问题，有待于第二部分中对变化的分析，但表1显示出的市场体系人口和面积之间的关系则没有什么神秘之处。当各地区的市场区域面积随着人口密度加大而不断减小时，显然最终肯定会达到一点，此时更小的面积无法容纳更多的农业人口。在中国农耕区域①，民国末年，这个点位于人口密度300—350之间。

---

① 在本书中，"中国农耕区域"一词用来指一个专门划定的区域。中国农耕区域和非农耕区域的分界线沿着县界(1958年的)划分，以便前者中能实际上包括人口密度每平方公里至少有10人的所有县。如果在一幅地图上标出这条线来，其走向可以简要描述如下(按1958年的省区)：黑龙江北部约1/3的地区不包括在内；包括吉林、辽宁、河北、山西和陕西的全部；包括内蒙古自治区的一小部分，宁夏回族自治区的约2/5，甘肃的大部分以及青海东端的几个县；也不包括四川和云南西部的山区。中国农耕区域(包括海南，但不包括台湾)总共418万平方公里，非农耕区域(不计入西藏)共415.94万平方公里。1958年前者有1791个县级单位，后者有260个。一般说，这里所规定的非农耕区域土地生产力极低，人口也极稀少，以致市场体系不可能按本书描述的方式存在。

表 1　基层市场社区的平均面积和人口

（以 1948 年中国农村人口密度的估计为自变量*）

密　度 （人口/平方公里）	平均 人口	平均面积 （平方公里）	最远村民赶集 所走平均距离 （公里）	集镇之间 平均距离 （公里）
10	1850	185.0	8.44	14.6
20	3160	158.0	7.80	13.5
30	4080	136.0	7.42	12.5
40	4800	120.0	6.80	11.8
50	5300	106.0	6.39	11.1
60	5790	96.5	6.09	10.6
70	6160	88.0	5.72	9.91
80	6500	81.3	5.59	9.69
90	6750	75.0	5.37	9.31
100	6980	69.8	5.18	8.98
125	7460	59.7	4.79	8.31
150	7870	52.5	4.50	7.79
175	8050	46.0	4.11	7.12
200	8240	41.2	3.98	6.90
225	8350	37.1	3.78	6.55
250	8570	34.3	3.63	6.30
275	8720	31.7	3.49	6.05
300	8850	29.5	3.37	5.84
325	8870	27.3	3.24	5.62
350	8790	25.1	3.11	5.39
375	8660	23.1	2.98	5.17
400	8640	21.6	2.88	5.00
450	8100	18.0	2.63	4.56
500	7850	15.7	2.46	4.26
550	7320	13.3	2.26	3.92
600	7140	11.9	2.14	3.71
650	6760	10.4	2.00	3.47
700	6370	9.1	1.87	3.24
中国农区平均：111	7140	64.4		
模式案例：150	7870	52.5	4.50	7.79

　　* 代表基层市场区域面积与人口密度的曲线距坐标的纵轴和横轴越近,农村经济的商业化程度越高。根据平均面积栏上部的数字画的曲线用来代表整个中国农耕区域在 1948 年农业经济商业化的状况。它的等高线来自四川南部和东南部 76 个县选点测定的数据,但它的位置有点儿接近于纵轴和横轴,和 1949 年四川商业化程度最高的县的资料所绘曲线上的点一致。对这些过程的证明有待于第二部分对商业化的现代化的论述。

　　倒数第二栏用平均面积按下面的正六边形公式计算：$A = 2.598a^2$。这里,A 代表六边形面积（即基层市场区域面积）,a 代表从中心到一个角的距离（即从区域中最远地点到中心要走的距离）。最后一栏的计算公式是 $b = a\sqrt{3}$,这里,b 是两个相邻的正六边形中心之间的距离。

面积达 150 平方公里或更大的特大市场区域（表的最上端）只出现于中国农耕区域的山岳地带和边远的不毛之地，在这些地区，人口稀疏地散居于险恶的环境中。只有在这类地区市场社区的人口才会少于 3000 人。在另一端，面积 15 平方公里或更少的特小市场区域（表的底部）只出现于特别肥沃的平原，在典型情况下位于大城市中心的附近。中国农耕区域基层市场区域规模的分布可以概括如下：

占全部基层市场社区比重 （%）	平均面积分组 （平方公里）	密度分组 （人/平方公里）
5	158—	—19
15	97—157	20—59
60	30—96	60—299
15	16—29	300—499
5	—15	500—

所以，大多数基层市场区域的范围可以让最边远的村民能够不费力地步行到集上——这段距离为 3.4 到 6.1 公里。[①] 在模式案例中（见表 1 最下行），市场区域的面积刚过 50 平方公里，集镇间隔不到 8 公里，到镇上的最大步行距离为 4.5 公里。基层市场社区的平均（中等）人口约 7000 人。

所以很清楚，即使就典型社区——18 个左右的村庄、1500 户人家，分布在 50 多平方公里土地上——来说，我们也不是在讨论

[①] 我认为，"步行距离"在任何情况下都是市场区域面积的决定因素这一提法毫无意义。参看杨庆堃，第 14—15 页。如果集镇的间隔只是要使最边远的村民能在一天之内步行到市场上并处理完他们的生意然后回到家中，那么，基层市场区域的面积就会在一个狭窄范围内变化。而事实上，中国大多数基层市场区域远远小于步行距离的要求，而在中国农耕区域的边缘地带，它们会大到从最远的村庄到市场的单程就不止花一天时间。云南易村附近的几个村庄似乎就属于这种情形，如果可以根据费孝通和张之毅提供的细节（第 170—172 页）来判断的话。

由极为紧密的或强烈的束缚构成的关系密切的原始团体。另一方面，像大多数中国研究者不习惯于把市场体系看作社区，并受到相关文献的困扰一样，我们很可能在这方面也被引入歧途。让我用以高店子为中心的社区进行说明，这是我调查过的四川一个基层集镇。这是一个不够典型的较大体系，在1949—1950年有约2500户人家，[①]普通农民是否认得出——更不必说熟识——那么多家庭的成员呢？

如果林先生——一个45岁的农民，我和他住在一起——可以被看作一个典型，那么答案是肯定的。因为林先生和这个市场体系各地的几乎所有成年人都有点头之交。[②] 此外，他能够认出社区中主要上层人物的家庭成员，并对他们加以形容，而不论他们居住的村庄散布于何处。他知道集镇另一边的农民家庭的详细情况，而大多数美国人不了解也不愿意了解他们的邻居。林先生关于高店子市场社区的社会知识与在他的场院中干活儿的农业工人或用车把他的桔子运到市场上去的运输苦力相比，或许给人的印象更深，但与社区地方上层中任何有闲的绅士见多识广的社会知识相比就显得逊色了。身穿长袍的地主可能只对他喜欢的几个人点头招呼，但他认识他到市场去的路上碰到的所有人，

---

① 民国末年四川西北部的基层市场体系都比较大，因为这一地区的商业化相对不足。见第二部分。

② 例外情况主要限于居住在高店子市场区域东北边缘公路边或公路附近的"外来人"家庭。该市场区域内距成都最近并有铁路经过的地方，在1947年住有约140个"下江"人，即来自四川以外别的省份的人，其中大多数于第二次世界大战时来到成都附近；还有约290个祖籍不在华阳县的四川人。这些外来人中只有几个农民；一些是公路边幺店的店铺老板；另一些人是黄包车夫或运输苦力，在以牛市口为中心的中间市场体系中工作；其他一些是在城市工作的市郊居民。林先生只认识这些人中的几个，并且几乎不关心他们。然而，居住在集镇上的"外来人"则另作别论。1947年这类人有58个，包括店铺老板和教师，都是四川人，林先生认识他们中的绝大多数。

并且在他脑子里似乎装有每个人的完整的档案。

但这一切当真很奇怪吗？高店子市场社区的农民，到 50 岁时，到他的基层市场上已经去过了不止 3000 次。一般说来至少有 1000 次，他和社区内各个家庭的男性户主拥挤在一条街上的一小块地盘内。① 他从住在集镇周围的农民手中购买他们贩卖的东西，更重要的是，他在茶馆中与来自离他住处很远的村社的农民同桌交谈。这个农民不是唯一这样做的人，在高店子有一种对所有人开放的茶馆，很少有人来赶集而不在一个或两个茶馆里泡上至少个把小时的。殷勤和善的态度会很快把任何一个踏进茶馆大门的社区成员引到一张桌子边，成为某人的客人。在茶馆中消磨的一个小时，肯定会使一个人的熟人圈子扩大，并使他加深对于社区其他部分的了解。

让我们暂时停下来，注意一下当一个农民对他的基层市场区域的社会状况有了充分良好的了解，而对基层市场区域之外的社会区域却全无了解时，会引起的某些结构上的后果。这意味着他所需要的劳务——无论是接生婆、裁缝，还是雇工——大部分都会在体系内的家庭中找到，由此而建立起一个审慎的客户关系网，这个关系网全部存在于基层市场社区内，这也意味着，如前一

---

① 这个推断考虑到了高店子市场社区成员从一代到下一代的相对稳定。人们在每个集日获得的社会知识在他们死后继续积累，这种积累与居民家庭的延续成正比，而与迁出和迁入市场社区的家庭数量成反比。40 年代后期高店子社区的家庭中，大部分是自 20 世纪初已经居住在那里的家庭的直接延续；在新增加的户中，由本地家庭分裂而形成的要超过由迁入的家庭建成的。即使是在市场区域中有铁路通过的一小部分地方，80％以上的家庭中没有一个人出生在他们现在居住的这一地区之外。在市场区域远离铁路的大得多的地方——拥有整个社区人口的 4/5——总户数的 95％以上只由当地出生的人组成。参看 G. W. Skinner, "A Study in Miniature of Chinese Population," *Population Studies*, V (Nov. 1951), 91 - 103.

节所提到的,一个迫切需要资金的人会期待在他自己村庄范围之外组成一个互助会。

这还意味着农民常常在市场社区内娶儿媳。媒人们(在四川,他们常在集镇上的某些茶馆中活动)和适龄小伙子的母亲们有相当大的保证,可以在整个基层市场社区中寻找未来的儿媳,但他们对体系之外的家庭则缺乏了解,无法从那里寻找候选人。总之,基层市场社区中有一种农民阶层内部通婚的特别趋向。对于这一点,珍·A. 普拉特(Jean A. Pratt)对香港新界一个客家村社的研究提供了一个有趣的证明:村里最活跃也最成功的媒人是一个富有的寡妇,她特别频繁地到大埔镇上去,那是一个每日集,她在那儿记下这个较大社区中适龄女孩儿的名单。① 结果是,一个宗族按传统方式把年轻女子嫁到另一个宗族中做新娘的安排——这种安排往往集中于基层市场社区内——比较近似于可能没有直接先例的固定的联姻。农民的姻亲结合由此而构成另一个遍布于基层市场社区的网络,并使结构更为完整。

在父系血缘关系方面,我怀疑基层市场社区在宗族组织方面起的作用,可能会解决令人感到困扰的分解问题。在中国,新的村庄习惯上或是由一个家庭或是由一小部分有血缘关系的家庭建立。在这种新村落中的家庭,实际上构成他们原来村落——通常不太远——宗族的一个旁支。经过几百年间的这种分裂,中国农村的不少部分逐渐维持了大量的同姓氏的地方化宗族,它们由于来自一个共同祖先的血缘关系而在历史上重重联系,但每一个

---

① 1964 年 2 月 8 日的私人通信。另见 Jean A. Pratt, "Immigration and Unilineal Descent Groups: A Study of Marriage in a Hakka Village in the New Territories, Hong Kong," *Eastern Anthropologist*, XIII (1960), 147 – 158.

地方化宗族都位于一个不同的村庄或集镇。[①] 为什么在某些情况下,相邻的地方化的宗族之间的联系会永久存在并形成有组织的统一体,而另一些具有同样久远祖先的宗族却各自独立? 我的设想是,由于农民家庭的社交活动主要在他们的基层市场社区内进行而很少在其外进行,同一个市场体系内的宗族间的联系可能会永久存在,而在不同基层市场区域,地方化的宗族之间的联合常常受到时间的侵蚀。在四川,我调查过的地区,林姓客家家族主要集中于以高店子、赖家店和大面铺为中心的三个基层市场区域中。然而,每个区域中的林姓家族似乎是单独组织起来的,在其各自集镇的茶馆里有自己的议事机构。水野薰提到,在华北,宗祠通常设在集镇上而不是村庄中。[②] 因此,我们把基层市场社区视作"复合宗族"的通常所在地可能要好些。

在这方面,我还要提到另一种有启发性的情况。在福建海澄县港尾的基层市场社区中,全部人口中有大部分属于一个复合宗族。1948 年市场本身受到"大房"(字面意思为大的分支)的控制,这个"大房"是位于集镇北面一个村子的宗族中的一个分支。在港尾集上,三个掌粮食斗的人、牲畜经纪和猪的过秤人、轿夫头儿,甚至于乞丐头,都来自大房,从大房来的买主在集上有特权。在这种情况下,大房在复合宗族中社会地位的优势明显表现在市场社区的经济体系中。在适当的环境中,会出现这样的情况。正

---

① 雅克·阿米欧(Amyot)神父在他对菲律宾华人家族领地的研究中引用了福建晋江县的几个例子。Jacques Amyot, S. J., *The Chinese Community of Manila: A Study of Adaptation of Chinese Familism to the Philippine Environment* (Chicago, 1960), pp. 44-52. 在提到同姓宗族地方化的村庄常常集中在某一个乡中以后,阿米欧指出(第 40 页):"按照这个区域的习惯,乡这个词或是指一些村庄形成的某种统一体性质的组合,或是指这个组合由以得名的最大的村庄,通常是一个集镇。"
② 水野薰,『北支の農村』(北京,1941),第 171 页。

如地方化宗族中占统治地位的支系能够在村社中维持最高权力一样,①在复合宗族中占统治地位的地方化宗族也可以僭取对市场社区的控制。②

港尾的例子还表明,在这种情况下,基层市场社区的权力结构不可能与对市场的控制分开。在四川,民国初期,以哥老会为共称的秘密会社在农村社会的所有层次都行使最高权力,基层市场社区也不例外。事实上,基层市场社区是一个最重要的单位,因为哥老会的分会由一个基层市场社区组成,而且在几乎所有情况下都只限于一个基层市场社区内。在以高店子为中心的基层市场社区中形成了两个分会,一个"清",一个"浑",两个都在镇上的茶馆中设有山堂并举行会议。大部分男性成年人属于一个分会或另一个分会,几乎在每个集日分会成员们都能与分会职员们一起处理事务,后者呆在一个指定的茶馆中。在高店子,如同在四川盆地其他很多集镇上一样,市场本身受一个秘密会社分会的控制。掌粮食斗的人、猪的过秤人、牲畜经纪人和其他一些拿佣金的代理人都由会社成员担任,每个经纪人的酬金中都有一部分要上缴作为分会的财产。

在中国其他地方,对市场的控制可能更广泛地分散在一些基本村庄中。在山东,常见的安排是同赶一个集的村庄轮流负责市场管理。在阴历月的每旬中,指定一个或几个村庄共同负责,出人担任公共的计量人员,并给这些人出津贴,以使他们作为免费的诚实的经纪人提供服务。然而,杨庆堃引用的一些实例表明,

---

① Maurice Freedman, *Lineage Organization in Southeastern China* (London, 1958), Chs. 8 – 9.

② 地方志有时会隐约提供一些有关占统治地位的宗族对具体市场拥有控制权的情况。见仓持德一郎,第 25 页举例。

这种分散的控制限于小市和较不重要的基层市场;在中间市场(以及某些明显较大的基层市场),权力往往是集中的,或是由于大量村庄的共同管理行不通,或是由于在一个大的、比较繁荣的市场上,经纪人的酬金多到权力集团不能忽视不理的程度。①

这样,市场本身就构成市场社区中社会结构的一个焦点。另一个焦点——其重要性几乎不弱于市场——通常由镇上较大的寺庙提供。首先,管理寺庙的董事会不仅由虔诚的镇民组成,还包括了住在市场区域中各个村社的有宗教信仰、有领导地位的居民。然而,在与寺庙供奉的主要神灵有关的节日举办的一年一度的庙会,是件十分重大的事情,不能只靠虔诚。在高店子,庙会由一个董事会组织,董事会成员由店铺老板中的头面人物和地主上层人物中最有权力的成员担任。每年在节日期间组织起地方治安团体以管理拥挤的人群并引导队伍行进,1950年这个治安团体约有60位志愿人员,包括了该市场区域中各个村庄的人。此外,庙中供奉的神灵本身在尘世上的活动范围,被认为与基层市场区域一致。东岳——一位管理地狱的官员——的雕像每年要被抬出来在他的权力区域内游行。传统的路线是,沿着由集镇辐射出的每条主要道路,抬着神像依次走过红门铺、沙河铺、窝窝店和大石子——每个幺店位于市场区域的一角。这个宗教节日用这种方式,每年一度重新确定了该社区的领地范围,并象征性地加强了它的以集镇为中心的结构。

基层市场社区的分立性还以另一种方式染上宗教色彩。由信徒组成的祈祷团体参加宗教庆典时共同为受祝的神奉献祭品,并作为团体参加游行。1950年,30多个这类团体参加了高店子

---

① C. K. Yang, pp. 18 - 20。

的庙会,除了来自成都的三个团体,每个团体的成员都限于一个基层市场社区,来自外地社区的团体都以其集镇的名称命名。在传统时代到宗教圣地朝山进香的人们组织的"香会"和"山会",似乎通常也在基层市场社区内组成,原因也许仅仅是官府会对较大规模的宗教团体的活动加以留难。①

上述事例说明,各种各样的自发组成的团体和其他正式组织——复合宗族、秘密会社分会、庙会的董事会、宗教祈祷会社——都把基层市场社区作为组织单位。② 职业团体也可能在基层市场社区内组成。高店子有一个茶馆是牲畜配种人联合会聚会之所,另一个茶馆则是木匠和泥瓦匠联合会的总部。还有其他自发组成的联合会,尤其是与农业生产有关的组织(例如看青会或管水会),尽管与市场社区的界限不同,却往往整个位于市场社区内。③

还要提到的是,基层市场社区与农民的娱乐活动息息相关。基层市场和较高层次市场是专业说书人、戏班子、卖唱盲人、摆赌摊儿的、卖艺的、练杂技的、卖膏药丸药的以及魔术师等等人物的舞台。不但村庄里明显缺少这类人,而且一般情况下小市上也见不到他们。正如集日通过提供娱乐机会减轻了农村生活的无聊一样,庙会使村民全年的娱乐达到高潮。

在上述概括性研究所表明的基层市场社区结构的实际情况

---

① 参见 Hsiao Kung-chuan(萧公权),*Rural China:Imperial Control in the Nineteenth Century* (Seattle,1960),pp. 313 – 314.

② 一段有关 1836 年的叙述记载了广州附近河南岛一个组织的建立,这只能解释为基层市场社区中结构的形式化:"24 个不同村庄共同修建了一所大屋为全体集会之用,这所大屋位于集镇上……"*Chinese Repository*,IV (1836),p. 414. 引自 Hsiao,p. 309。

③ Hsiao, pp. 288 – 289,306 – 308.

的范围内,同时还可以提供一个基础,用以评估这样一个社区在多大程度上可以作为一个文化载体。文献中有大量的关于中国村庄文化特性的泛泛的论述。我们常常听说,每个村庄都有它自己的方言、自己的风味食品、自己穿衣戴帽的方式等等。然而,我有一种强烈的设想,当差异大到成为相邻村庄的特征时,最终可以证实这些村庄属于不同的基层市场社区。很有可能在传统时代,典型的农民认识的同村人要比他认识的所有外村人加在一起还要多。但同时,他与本市场社区中,外村人的社会联系如此之广,以至于很难想象任何范围的文化差异能够在使用同一基层市场的村庄之间长期存在。同样,使农民与其基层市场社区之外的人发生接触的社交活动如此之少,以至于市场社区之间在文化上产生差别好像是不可避免的发展趋势。一旦基层市场社区达到了涵盖农民生活的程度,它也就造就了后者的生活方式,只要社区长期存在,它就必然会坚持它自己的一点儿传统。

最明显的例子是与交易过程直接相关的度量衡。尽管在任何一个市场内它们是标准化的,并且事实上都有严格规定,[①]但基层市场之间还是有着大量差别。在 1932 年调查的 11 个市场中,杨庆堃发现有 10 种不同规格的斗,这是分配谷物用的干量。用于量土布的"大尺"和量笨重产品重量的大秤同样在不同市场间有很大的变化。[②] 大桥育英在研究京汉铁路沿线农作物交易情况时发现,在中心集镇之外活动的经纪人们不得不随身携带各不同市场体系惯用的度量衡的换算表。[③] 这类资料表明了作为

---

① 仓持德一郎(第 24 页)和杨庆堃(第 18—19 页)都列出了各个市场专用的度量衡表。
② C. K. Yang, pp. 20 - 21。迟至 1950 年在四川盆地还经常可见到这类情形。
③ 引自天野元之助,第 156 页。

经济体系的基层市场社区的独立性和孤立性,并由此表明构成各种文化特性之基础的真实环境。归根到底,正是长期不变的传统市场模式可以解释下述事实——引一个典型的例子——每个四川姑娘精心装饰她的新婚床帐的十字挑花,都带有她所在基层市场社区所特有的花样。

一个同样明显的事例涉及宗教传说,在贺登崧(Willem A. Grootaers)对华北寺庙和传说的地理学分析中,可以找到很多这方面的描述。① 例如,一张地图显示出,对黑龙的崇拜集中在察哈尔的万全县一个界限分明的区域内。这个区域的大比例尺地图给人一种强烈的暗示:这个现存6座黑龙庙的特定区域实际上是以旧堡乡为中心的基层市场区域。在高店子市场社区中,东岳及其地狱中官吏的传说不可避免地笼罩着农民关于另一个世界的观念,但在周围市场社区的宗教文化中,这个神和他的殿堂都不怎么重要。

在语言方面,可以预料同一个基层市场社区内的差异微不足道——考虑到在市场上发生的大量的口头交往——但在市场社区之间则存在相当程度的区别。当我的四川报道人们操着带有不同市场的语言特征的方言谈话时,我想到,对于中国的语言地理学家来说,最小的有意义的单位正是基层市场区域。

我没有什么证据来说明中国较高层次市场体系的社会范围,但在这方面我愿意提出两个观点。看起来很清楚,在很多方面,中国较低的和中间层次的社会结构与前面几节所描述过的市场结构平行,并且,与后者一样,采用了一种等级网络的形式。让我

① Willem A. Grootaers(贺登崧), "Temples and History of Wan-ch'üan (Chahar), the Geographical Method Applied to Folklore," *Monumenta Serica*, XIII (1948), 209-216.

再次描述一下高店子的情况。这个基层集镇与模型 B 一样，面向三个较高层次的集镇，因而成为三个不同的中间市场体系的一部分（见图 3.1）。这些结构链的每一个，都与一系列不同社会组织构成的等级排列并联。我只各举一例：1. 高店子市场社区中的廖姓家族，像林姓家族一样，组成一个复合宗族，在集镇上设有总部，但廖家认为他们的组织只是一个更为庞大的复合宗族的**分支**，这个更大的复合宗族在东南方的中间集镇大面铺上有一所宗祠。2. 高店子的志中儒院（儒院——一种慈善团体）与一个名叫中和儒院的较高级儒院保持紧密联系，后者位于西南方的中间集镇中和镇上。最后，3. 让我再一次提到秘密会社的分会，它们尽管实际是独立的，但却组成了相当广泛的同盟。这些同盟之一，设在高店子的分会，首先与西北方中间集市牛市口上同一同盟的分会相联系。

应该明确指出，指挥或控制这些组织的不是农民，而是有闲的绅士们。并且一般说来，两个不同层次组织之间的联系之所以能实现，如果不是由于地方上层人物的参与，那么就是由于在基层集镇和中间集镇上都有商业利益的商人的参与。在高店子，注意一下同类的资料：秘密会社的农民成员只属于他们的基层市场上两个分会中的一个，而商人和地方上层的成员很少有人不认为在他们的中间集镇上也参加一个分会大有好处。

上述观察结果导致我的第二个观点：每一个等级层次的市场体系对于阶层间的关系都有一种特有的意义。从这个观点出发，基层市场社区可以被视为一方面是小商人和农民之间的交往核心，另一方面是小商人和地方上层之间的交往核心（主要通过市场控制机制）。但它的主要意义在于农民和"乡绅"的关系。尽管单个看，很多村庄不能夸口说村中存在着既有土地，又有闲，还有

文化的家庭，但所有的基层市场社区在传统时代都有一些所谓的
"乡绅"家庭。用不那么明确的术语来说，这些高人一等的家庭正
是在集镇施行"社会控制"。每个寻求即使是非正式的领袖地位
的绅士，通常都在他的基层市场上一个固定的茶馆里有一块地盘
儿，不同村社中农民之间的纠纷通常也在集日的茶馆里由这些领
袖仲裁。[1] 也是在集镇上，地主或他们的代理人与佃农打交道，
秘密会社分会的高层作出影响农民在社区中的福利的决策。

　　地方上层人物是农民与官宦上层之间的媒介与缓冲器——
尽管这个术语看起来可能有点儿怪异——是一个令人感到熟悉
的观念。小商人是农民与高层次中心地的商人之间的中介的观
念也是如此。二者的作用都像"掮客"，[2]他们既为农民挡住了令
人疑虑的外部世界，又有选择地把外部世界的一些东西放进来并
传达给农民——一些必需的外来产品、经过整理以"适合"当地状
况的谕令、被说书人歪曲了的伟大历史的片段，或者乡约讲说人
改编过的上层人物的思想观念，等等。[3] 简单地说，我对这个问
题的看法是，这些两面的"掮客"无论在文化、政治还是经济方面，
都是在基层集镇而不是村庄层次上活动。正是他们把基层市场
社区与更大社会的机构、习俗联系起来，或——依某个人的视野
而定——与后者隔绝。

---

[1] Li, Mei-yun, p. 21.

[2] Erik Wolf 指出了那些在社区团体和国家组织之间充当"掮客"的人的两面性，见
"Aspects of Group Relations in a Complex Society: Mexico," *American Anthropologist*,
LVIII (1956), p. 1076.

[3] 萧公权(Hsiao Kung-chuan)的专著中有关于村民、地方上层和官吏之间关系的丰
富细节。这些资料中很多都可以用来分析地方上层在农民和官场之间的掮客作
用。关于乡约讲说制度见氏著第 184—206 页。

中间集镇的社会范围①实质上是农村社会中间阶层自身所需的一个世界。就中间市场体系是一个社会共同体的意义来说，它通常既不包括农民，也不包括官宦阶层。在中间集镇的茶馆、酒店和饭铺中，来自周围的基层市场社区环的地方上层的代表们，指导着这个中间市场体系为之服务的更宽广的区域中的各项事务。那些业务活动主要限于某个中间市场体系内的大大小小的商人和手艺人的情况与此类似，因为他们阶层内的事务也要在中间集镇上处理。但是，或许在中间市场体系特有的社会关系中，最有影响的是集镇上的缙绅上层与商人之间的来往。因为，一方面，"中上阶层"的资金投入到中间集镇上的当铺、钱庄、手工工场和商业企业中去，另一方面，手工业者和商人的资金投入到土地上和兑换成社会习俗惯用的铜币时，要进行关键性的协商谈判——这些交往也都在这一层次的集镇茶馆或镇公所中进行。

在**中心**集镇，阶层间关系由于增加了官吏的出场而显得更为重要，可以设想，这一层次的集镇不仅是较低层次市场上已出现过的各种集团间关系的中心，而且也是官吏与他们管辖范围内"乡绅"的领袖人物及镇上有领导地位的商人们举行重要磋商的中心。莫顿·弗里德（Morton H. Fried）在叙述安徽滁县（一个小县城，也是一个中心集镇）时指出：

> ……有成就的地主、商人、手艺人和官吏常常在大致平

---

① 如同前一节中提到的，中间集镇不仅是一个中间市场体系的中心，而且也是一个较小的基层市场体系的中心，集镇也有双重功能。例如，每一个中间集镇，一方面是它的基层市场区域中的农民和地方上层之间阶层关系的核心，另一方面，是它的中间市场体系中商人和地方上层之间关系的核心。然而，维持两种机能层次的差别是有益的。中间集镇上某些茶馆和酒店是农民阶层的社交禁区。这些场所，加上很多种团体的总部，都应被视为只与集镇作为中间市场社区活动中心所起作用有关的机构。

等的基础上进行社会交往。富裕的地主结交富裕的商人而不是贫穷的地主;有成就的手艺人宁可与富裕商人做伴,而不理睬贫困的同行。……各个行会的首领通常由镇上的一个绅士担任,联合行会的首领也同样。[1]

何炳棣关于清代商人和官吏之间关系的论述认为,[2]弗里德所描绘的1948年的景象,作为在民国时期逐渐起作用的新生力量造成的一种近代的偏离,几乎是无法消除的。

任何一种对于传统中国社会结构的观察,只要它把与相关联的市场体系进行比较作为重点,就必然会随着层次的提高越来越注意到行政体系。早期的分析,受中国官方学者的偏见的影响,假定行政体系最为重要。我详尽论证一种有点儿非正统的观点的目的,与其说是要反驳这种分析,倒不如说是要推进平衡——在今后的研究中取得一种共识,即传统中国社会中处于中间地位的社会结构,既是行政体系和市场体系这两个各具特色的等级体系的派生物,又纠缠在这两个体系之中。

---

[1] Morton H. Fried, *Fabric of Chinese Society* (New York, 1953), pp. 17–18.
[2] Ho Ping-ti, *The Ladder of Success in Imperial China* (New York, 1962), Ch. 2.

第二部分

本书分为三部分连载,第一部分对市场体系作了静止的分析。第二部分研究了中国大陆在共产党执政前传统的和现代的变革过程。第三部分将研究 1949 年以来大陆农村市场的发展和社会主义制度下市场社区的命运。[1]

一、传统的变化

公元 1227 年,南宋时,在浙江省以宁波为中心的半岛上的 4 个县共有 26 个农村市场。六个半世纪以后,到清光绪朝,在同一

---

[1] 感谢以下这些学者为我提出的有益的评论:康奈尔大学的毕乃德(Knight Biggerstaff)、艾伦·G. 费尔特(Allan G. Feldt)、理查德·C. 霍华德(Richard C. Howard)、刘易士(John W. Lewis)、刘大中(Ta-chung Liu)、约翰·W. 梅勒(John W. Mellor)、钱德勒·莫尔斯(Chandler Morse)、莫里斯·E. 奥普勒(Morris E. Opler)、劳里斯顿·夏普(Lauriston Sharp)、罗伯特·J. 史密斯(Robert J. Smith)和武雅士(Arthur P. Wolf),芝加哥大学的布莱恩·J. L. 贝利(Brian J. L. Berry),密歇根大学的费维恺(Albert Feuerwerker),伦敦政治经济学院的莫里斯·弗里德曼(Maurice Freedman),芝加哥大学的何炳棣(Ping-ti Ho),耶鲁大学的西敏司(Sidney Mintz),密歇根大学的罗兹·墨菲(Rhoads Murphey),耶鲁大学的彼得·施兰(Peter Schran),伦敦大学亚非学院的杜希德(Denis Twitchett),多伦多大学的云达乐(Donald E. Willmott),耶鲁大学的芮玛丽(Mary C. Wright),匹兹堡大学的杨庆堃(C. K. Yang)以及伦敦政治经济学院的巴兹尔·S. 耶梅(Basil S. Yamey)。我很遗憾在现在这个阶段无法采纳所有的建议以完善已经发表的部分,也无法讨论他们提出的每一个问题。

地区内约有 170 个农村市场。① 四川金堂县在康熙初年的 1662 年有 4 个农村市场,到 1875 年增加到 13 个,1921 年又增加到 32 个。② 河北省盐山县的农村市场由 1868 年的 23 个增加到了 1916 年的 37 个。③ 市场在这些地区如此激增是依据什么原则,符合何种模式呢?

成都周围广大区域内的市场结构实际上是在 17 世纪中叶张献忠进行的大屠杀之后从零开始重建的。在成都市郊以及西部和南部,它们逐渐按照模型 B 分布,其结果是基层集镇典型地从属于三个较高层次集镇,如第一部分图 3 所示。另一方面,东部,尤其是东北部,它们重新构成的结果是,基层集镇通常只从属于两个高层次集镇,如图 2(也在第一部分)所显示的模型 A 分布。造成这种差异的原因何在?

19 世纪 90 年代,广东揭阳县有 163 个村庄和 13 个农村市场;40 年以后,村庄数增加到 885 个,而农村市场数只增加到 20 个。④ 大体在同一时期,宁波南边一个地区市场数量的扩大远远超过了村庄数目的增加。为什么村庄与市场之比在一些情况下提高而在其他情况下下降?

正是这类问题促使我寻找一种能够解释传统时代居民点增长的特有方式的理论。这里提出的理论无论在任何地区,都只适用于那些有幸避免了巨大灾难的时期。在中国漫长的历史中,在这

---

① 《宝庆四明志》,宝庆三年(1227),卷 13(鄞县)、卷 15(奉化县)、卷 17(慈溪县)、卷 19(定海,今镇海县);《鄞县志》,光绪三年(1877),卷 2;《镇海县志》,光绪五年(1879),卷 4;《慈溪县志》,光绪二十五年(1899),卷 3;《奉化县志》,光绪二十四年(1908),卷 3。

② 《金堂县志》,民国 10 年(1921),卷 1。

③ 《盐山县志》,同治七年(1868);《盐山县志》,民国 5 年(1916)。数字引自加藤繁,第 5 页。

④ 张人骏:《广东舆地全图》(广州,1897),卷 1,第 41 页。《揭阳县城墟志》,民国 25 年(1936),卷 1。

个国家的很多地区,村庄和集镇曾屡遭毁灭,特别是在一个朝代灭亡时的动乱中。然而,在近代历史进程中——无论我们是从宋初、明初还是清初算起——农村地区的密集一直是不可逆转的趋势。[①]所以,我的理论假定在农村地区未曾受到大规模破坏的时期,空间的发展可以作为一个单纯的增加过程来分析——新家庭、新村庄和新市场的不断建立;还假定由于居民点灭绝的数量微不足道而可以忽略不计。无可怀疑,"在多年的过程中,定期市场有生有灭"——如杨庆堃所言——甚至在相对和平的年代,市场也会由于洪水、盗贼侵扰以及歉收等一次又一次地消亡。[②] 但是,我认为总的说来,上述原因造成的减少就其实质来说是特异的,与无可逆转的增长相比,数量上微不足道,并且在任何情况下都会由新的增加来补偿。这里,我并不关心那种可以通过具体地方的历史来解释的特定的减少,而是关注那些在农村一段时期的平静之后,导致任意一个地区市场分布和市场结构形成的一般增长模式。

在未发生过大灾变的中国农村中,市场消亡的比率可以通过上面引用的浙江省 4 个县的情况来估算。在 1227 年已经建立的26 个农村集市中,有 20 个到 1877 年仍然存在并作为农村市场运营——还要加上在这几个世纪中当地新增加的约 150 个市场。

密集模型从一群群离散的村庄的一种简单分布开始,每个村庄群围绕着一个小型农村市场,如图 5.1 所显示。这里用图解的方式描绘了一个刚有居民定居的地区(或在农村受到破坏之后重新定居的地区)的状况。市场体系很小,可以把它们的中心看作小市而不是基层集镇,市场区域趋向于圆形,因为它们还没有扩

[①] 当然,这是对农村人口不可逆转的增长的一种直接反应。
[②] C. K. Yang, *A North China Local Market Economy*, 1944, Ch. Ⅵ 和仓持德一郎,「四川の場市」第五部分,描述了一些具体的市场的崛起和衰落。

充到有可能重叠的部分。在图 5.2 中，建立了新的村庄，它们填满了旧有村庄组成的独立圆环之间的空白。由集镇放射出的 6 条道路延伸到了外环的村庄，市场区域逐步扩大并互相挤压成为六边形。① 由于空间被填满，整个图形处于稳定的平衡中。

在这一阶段，进一步的密集通常通过旧有村庄，即图 5.1 中所画出的村庄的分裂而发生。就这一模型来说，在市场区域的何处建立新居民点并不怎么重要，尽管在图 5.3 中，假定最初的新居民点会建立在原有村庄和市场之间的地理位置优越的区域中。有两种可能的选点方式（见图 5.3）。在模型 A 中，每个新居民点都建立在一条连接一个老村庄和市场的主要道路上。在模型 B 中，每个新居民点都建立在与市场和两个老村庄等距离的位置上，原有的道路并不通过这个地点。在模型 A 中，每个新村庄都与**两个**原有的居民点等距离，而在模型 B 中则与**三个**原有居民点等距离。

仅从表面看，人们会预期，在设计新的道路比较困难，而在整个市场区域中维持一个村庄所占的比例又相对较小的情况下，村庄选点会遵从第一种模式（模型 A）。相反，在必须为一个村庄提供的农地占全部市场区域比例较大，以致在现有道路上建立村庄行不通，而规划新的道路（连接新的村庄与市场）并不很艰巨的地方，新居民点很可能按模型 B 的方式建立。如果用两个图解模型（图 5.3）左下方的圆圈代表维持一个适度规模的村庄所必需的土地数量（表示为市场区域的一部分），那么，很明显，模型 B 中较大的圆圈限制了老村庄与市场间道路上村庄的发展（注意虚线圆圈），鼓励了与**三个**已有的居民点等距离的新村庄的发展。两个

---

① 图 5.1 和图 5.2 所示的过程有相当大的省略。圆形市场区域先是扩大，直到它们相遇，然后，如罗希所说，"角落（圆形之间的空隙）通过圆形的互相挤压而得到利用，直到产生一个蜂窝状图形"。*The Economics of Location*，p. 109，另见第 110 页图 23。

图示右下方的小六边形代表了每种情况下全部市场区域中每个村庄所占土地的最理想的比例。

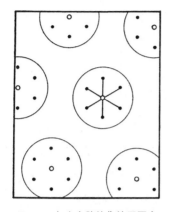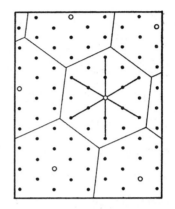

图 5.1 每个离散的集镇周围有一环村庄。

图 5.2 空白处填满了村庄：每个集镇周围有两环村庄。

图例： 黑点:村庄
空心小圈:基层集镇
实线六边形:基层市场区域
连接居民点的线:最初的道路系统

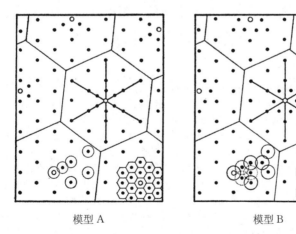

模型 A 　　　　　　模型 B

图5.3 围绕着每个市场的村庄形成一个内环(小圆圈指村庄选点方式,见正文)。小六边形代表新的内环形成后每个村庄的占地范围。

尽管初看上去,图 5.3 似乎是自相矛盾的,事实上,模型 A

分布是受了相对不利的地形的影响，特别是在丘陵或山岳地貌把可耕地限制在全部区域的一小部分的情况下。反之，在可耕地比例比较高的地方，村庄趋向于依模型 B 分布，最明显的是在冲积平原和沿海平原地区。[1]

我认为，定居模式产生差异的原因必须在运输费用和农业生产力之间的关系中寻找。我们来比较一下两个新建立的村庄，一个位于实际上所有土地都适于耕种的平原上，另一个位于可耕地有限的丘陵地区。[2] 要在一块追加的边际土地上耕作以使村庄全部农业产出增长，比方说 50％，那么，所需运输费用的投入，在平原村庄远比在山区村庄为少，这首先由于在平原上为村庄增加土地占用的区域较小，从而所需延伸的道路较短，更不必说从村庄到农地的往返路程也较短，其次由于在平原上小路和大路都比山区容易修筑，行路也更为容易。因此，平原上的村庄要发展到相当大以后，经济压力才会刺激原有的家庭外迁并建立新的村庄。然而，到那时，在两个已经存在的居民点之间的道路上的任何地点，很可能由于可耕地已被这两个老村庄开垦殆尽而不能建

---

[1] 一个对一般情况下分布模型的基础所作的假设，即地形干扰降到最低限，相关资源均等分布，在模型 A 情况中明显地不真实。尽管如此，即使对于山区来说，仍可用一个几何图形作为抽象表达形式(参看图 2)以及揭示某些变化规则的手段。

[2] 上述观点假定，山谷地带一个村庄拥有的耕地的生产力并不比平原上的低。在某些经验事例中，确实无法在山谷底部和山下平原的可耕地中作出选择，也就是说，在影响单位面积产值(或热量效益，如果粮食作物品种不同的话)的各种不同因素，如土壤肥沃程度、土壤结构、小气候、对低价值或高价值(或热量效益)作物的适应性等等之间有可能获得某种综合平衡。然而，在各种因素不平衡的情况下，差别通常都有利于平原。尤其是，诸如水稻这样的高热量作物，一方面特别适于在平原上种植，另一方面，在附近的山谷中却常常由于供水不足，以及高海拔造成的生长季节较短而受到限制。此外，山坡通常不如谷底肥沃，结果是，山区村庄拥有的耕地常常不如平原村庄拥有耕地的生产能力高。因而，正文中提到的反差——可耕地占全部土地的比例在山区比在平原低——由于山区村庄拥有的耕地的产量往往低于平原村庄农民耕作的土地的产量这一事实而更加尖锐化。

立新村庄。因此能够提供较为充足土地的地点,即那些与三个已有居民点等距离的地点,势必较为有利于新村庄的建立,尽管这意味着要开一条新路。

另一方面,山区的村庄会比平原上的村庄较快地达到分裂点(即保持较低的人口水平),因为山区村庄土地的不断扩大意味着运输费用的急剧增长。又由于分裂时,原有的村庄还比较小,在两个原有居民点之间道路中点附近的位置上,有可能为新建村庄提供足够的尚未开垦的可耕地。总之,在一条现有道路上新建居民点不仅在经济上有利,而且往往是必然的——比如当原有道路沿着一条狭隘的山谷延伸时。

一旦意识到山区居民点的分布一开始就常常距离较远,即在山区两个**原有**居民点之间的绝对距离通常大于平原,那么其所造成的不同结果,似乎可以进一步得到说明。出现这种情况可能是由于在一个发展不充分的山区中,新村庄建立时往往各自寻找一个不同的山谷,也由于每个单位面积区域中耕地数量的有限意味着维持每个居民点所需要的面积更大。这样一来,便为山区为何不必到现有道路之外的地方建立新居民点增加了一个理由,这就是,居民点在初次建立时已经离得相当远。同时也为典型平原地区村庄的次生波环为何必须在与三个现有村庄等距离的位置上选点增加了一个理由,即后者在开始时就已经紧密聚集在一起了。

因此,重要的是要明白,模型 A 中应该标出的实际距离远远大于导致模型 B 环境中特有的实际距离。当两个大不相同的模型始于实际上**同型**的居民点分布时(图 5.1 和图 5.2),即相对距离相等时,居民点之间的绝对距离在模型 A 中较大。在图 5.3 中,代表适度规模的村庄所需土地数量的小圆圈在模型 A 中显得比在模型 B 中要小——所以准确地说,当它们表示全部市场区域的各个组成部分的比例时，它们也较小。但按照绝对面积看，模型 A 中的圆圈与模型 B 中的圆圈相比，代表了一块较大的版图。[①]

把上述论点概括一下：在产生模型 B 分布的平原地区，村庄最初建立在靠近市场的地方，并彼此接近，由于一种起积极作用的运输—生产平衡，村庄要发展得相当大后才会有新的卫星村形成。因而，后者必须建在能使新居民点可使用的耕地达到最多的位置上，即建立在与三个原有的居民点等距离的地方，即使这意味着要开一条新路。然而，在产生模型 A 分布的丘陵或山区，村庄最初的位置距市场相对较远，彼此相距也较远，由于某种不利的运输—生产平衡，在旧有村庄还不够大时，新的卫星村庄就形成了。结果是，在连接原有居民点的道路上的位置更有利于新村庄的建立——考虑到可耕地的数量，更由于这样可以使不利地形带来的运输问题降到最小。

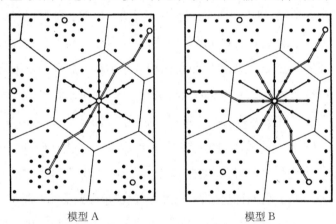

模型 A   模型 B

图 5.4 新增村庄的建立和市场间道路的修筑。
连接居民点的线的含义：
实线，小路和大路由以发展的原始系统。
双线，第二套道路系统。

---

① 换句话说，模型 A 序列是按照比模型 B 序列小的比例尺所画，以便说明在密集循环开始时相似形式的居民点分布及其在结束时的不同形式。

现在回到密集过程上来,在图 5.4 中,新的村庄不断建立在图 5.3 中已经绘出的两个不同的模型中。在模型 A 中,居民点在原有的道路上建立,直到它们好像一串串珠子,而当市场间的道路最终建成时,这些路只经过相当少的村庄。在模型 B 中相反,村庄不断在与三个已存在的居民点等距离的地方建立,这意味着第二批道路的重要性超过了第一批,正是这些道路得到发展,并延伸成为市场间的大路。两个模型现在都显示出每个市场周围有两个空间距离紧密的完整村庄环。

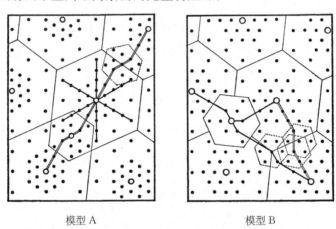

模型 A　　　　　　　　　　　模型 B

图 5.5　村庄分布更为密集,新的市场开始建立。每个图都显示了一个可行的小市和一个新的基层集镇。模型 B 中原有的道路系统扩大(只画出了部分道路系统)。

图例:虚线六角形,小市场区域。

当地区内的居民点进一步增加时,如图 5.5 所示,为处于原有基层市场区域边缘地带的村庄服务的小市就会建立。在模型 A 中,这些小市会建立在市场间道路上的与两个原有集镇等距离的位置上。不仅是密集框架要求一个居民点恰好建在那一点上,不仅是在已有的市场间道路上建立新市场可以免除在一个已知运输艰难的区域中建立第二套市场间道路,而且更重要的还在于这种位置上的一个小市可以发展成为一个达到标准数额,即有整整 18 个从属村庄的基层集镇,而不必破坏为维持原有基层集镇所必需的两个村庄环的完整。反之,模型 B 的密集框架规定,在市场间道路上的与两个市场等距离的位置上没有居民点,任何可能建立在那条道路附近的小市(注意虚线六角形中的两个),只有侵蚀了原有的某个市场自身的基层市场区域所需的村庄外环后,才能发展成一个基层市场,[①]然而,在原有的各个市场区域角落处(注意第三个虚线六边形)与**三个**原有市场等距离的地方,在模型 B 的密集框架所规定的地点建立的小市——也仅仅是那些小市——则有可能发展为基层市场,每一个都可能获得全部 18 个下属村庄。在原有的基层市场区域内规划的道路延伸后就可以为在上述地点建立的市场服务。当这些道路进一步延伸时(模型

---

① 在某些情况下,一些村庄可能出于有意侵蚀一个原有市场所需区域的目的而建立一个新市场。杨庆堃(第 24 页)描写了这样一个例子:段家庄集(邹平县)约在 1900 年由它周围的 18 个村庄建立,作为对抗南边三公里以外的董家庄集上包税人征收的过分沉重的税收的手段……董家庄集……在其竞争者……出现之后严重地衰落了……。第二个例子来自香港新界的大埔。19 世纪 80 年代,大埔市场受一个地方化的邓姓宗族的控制,作为市场的主人,这个宗族容许本族人要求过分的优惠,并骚扰其他宗族到市场上进行交易的人。邓姓对市场的控制一再受到另一个村庄的文姓家族的挑战,并在后者发起的强迫减税运动中惨败。1893 年,文姓家族组织了一个同盟,由已经存在的一些村际团体组成,以便共同在靠近老市场的地方建立一个新市场。大埔现在的集镇就是从这个新市场——它很快就获得了霸权——发展起来的。感谢弗里德曼提供了这一实例的细节。另见 Sung Hok-p'ang(宋学鹏),"Legends and Stories of the New Territories: I Tai Po," *Hong Kong Naturalist*, VI (May 1935).更为常见的是旧市场会受到它下属村庄善意的对待,这种情况下它的竞争能力优于一个与它过分接近的新市场,杨庆堃引证了一些由于选择位置不当而短命的小市的例子。即使新市场设立的地点通常可能不致造成附近居民点对其创建者的愤怒,也不能认定这里提及的这种模型出于善意的目的。一个新的小市如果建立在只有以邻近市场让位为代价才能生存的地点,那么它或者屈服于原有市场的竞争,或者代替后者。如果这个位置对一个现有的市场有明显威胁,后者可能不仅用经济手段而且用政治手段来回击它。"1914 年(邹平)县……北部的石榴村建立了一个集市。由于距邻县的一个老集只有半英里远……(邹平)县政府收到了老集的抗议性申诉,在县政府的命令下……这个新集仅仅成立了几天就被撤销了。" C. K. Yang, p. 24。

B情况下道路的修筑相当简单），它们就成为一套新的重要的市场间道路。新的基层市场（图5.5的模型A和模型B各显示出其中一个）最终总会建立在每个原有市场附近另一个可能的位置上。

同时，原有的基层市场开始为新产生的基层市场承担起中心服务职能，即是说，它们成为面向新的基层市场的中间市场或更高层次市场。图5.6显示了充分膨胀后的两种模型再一次达到稳定均衡状态。

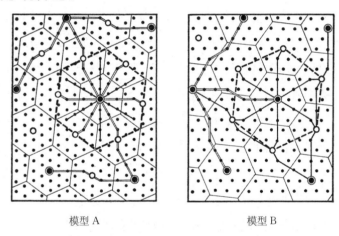

模型A   模型B

图5.6 新的基层集镇在所有可能的地点建立，村庄完全填满了密集框架的空白，原有集镇成为较高层次的集镇，以前的基层市场区域成为中间市场区域（每个图只画出其中之一）。

 图例：带圆圈的大黑点，较高层次集镇；
    重粗虚线六边形，中间市场区域。

或许应该明确说明，在图5.3描述的发展阶段中与村庄定位的不同方式相关的每种因素，在图5.5描述的阶段中同样与市场定位的不同方式相关。正如模型B中一个新村庄必须寻找到与三个已存在的居民点等距离的位置，以便得到足够的、未经原有的老村庄开垦过的可耕地一样，在模型B中一个新市场也必须找到一个与三个已有的市场等距离的位置，以便获得标准数额的下属村庄，同时这些村庄不是维持原有的老市场所必需的。正如模型 A 中一个新村庄偏向于建在原有的村际道路上一样，模型 A 中的新市场也偏向于建在原有的市场间道路上。在模型 A 中，村庄位置之所以可行，是由于这样做不必侵蚀原有村庄已开垦的土地就可以满足必要的耕地定额；而在模型 A 中，市场位置之所以可行，是因为村庄密集程度较高，使所有市场——新的和老的——基层市场区域都能得到 18 个村庄的标准数额。

现在应该清楚，为什么正是在下述条件下市场分布接近于模型 B：第一，地形更为近似于平坦的放射平原，第二，整个地区的单位面积土地产量更高。在中国的情况下，还必须加上第三个有利于模型 B 分布的条件：接近于城市中心。这一因素在两方面影响运输—生产平衡。首先，中国的每一座城市每天都有大量粪便送到周围的农田中去，这使城市近郊的土地更为肥沃。其次，道路系统往往在城市附近更为完善，部分出于商业需求——城市都是巨大的商业区域的中心，部分由于城市可能是府治或省会，因而得以使用皇家驿路（或者，在帝国时代之后是公路）。

因此，模型 B 最常见于地方或地区性城市附近的平原，而模型 A 看起来几乎普遍存在于远离城市中心的山区。图 3 中的地区（模型 B 的实例）是整个成都平原的典型：它的纬度基本相同，有着异乎寻常的生产能力，以一个地区性城市为中心。图 2 中的地区（模型 A 的实例）则是四川盆地中丘陵地带的典型：生产力较低，距城市也较远。至于在这一问题上我已作过部分分析的其他地区，类似模型 B 的分布出现在广州、南京和宁波周围的平原上，而适于模型 A 的分布则流行于贵州的遵义县、广东省东北部的大浦和梅县、湖南省以澧陵县城为中心的中心市场体系，以及浙江省鄞县和奉化最西部的长条地带。所有这些地区在地形上都属于丘陵和山地,可耕地相对缺少,远离大城市中心。

为了证明市场体系确实是按照上述模型所要求的顺序发展,让我们再一次参考一下图 2 和图 3 中表现的四川盆地的两个实例。在前一个例子中,应该注意,基层集镇,如模型 A 所要求的,全部位于连接较高层次市场的道路上。但时间顺序是怎样的呢?是否每个案例中的基层市场,实际上都是在一些已有的集镇成为较高层次的集镇并有道路连接——如密集模型所要求的——之后的时间段建立的呢?是否有过连接每两个现有高层次集镇的道路并不经由基层集镇的时候?《金堂县志》记载了民国以前建立的集镇中 14 个镇的建立时间。最古老的中心地淮州镇建于 17 世纪,现在仍是沱江上一个重要的帆船港口和中心集镇。到乾隆末年(1796 年),赵家渡、廖家场、兴龙场和五凤溪都已建立,它们今天都是中间集镇。唯有白果场——沱江上五凤溪和淮州镇之间一个较小的港口——是当时已建立而现在并不拥有一个较高层次市场的镇。这样,到 18 世纪末,看来这一地区共有一个中间集镇(淮州镇)和六个基层集镇(五个今天的中间市场再加上白果场)。所以,这个地区当时约处于刚刚建立起第一个新层次集镇的阶段——如图 5.5(模型 A)所表现的。这一地区所有其他集镇都在更近的时期建成:赵家场和高板桥建于嘉庆朝;福兴场建于同治朝;牛市店、三皇庙和三河场建于光绪朝;茅店子建于宣统朝;才子坝建于民国初年。而且,所有这些集镇都建在连接两个已有市场的道路上,每个镇都只设有一个基层市场。因此,不仅是市场在同一时期的分布,还有它们的发展顺序都符合我们的模型。应该指出,所说的这一地区大约用了 125 年时间经历密集循环的最高阶段——从图 5.5 到图 5.6。

对图 3 所显示的地区无法进行类似的分析，因为在有关县的方志中没有记载各个市场建立的时间。尽管如此，我在 1949 年得以观察到的情况为模型 B 所要求的发展顺序提供了支持。尽管图 3 中没有画出道路，那些连接较高层次市场的道路实际上如模型 B 所要求的那样，并没有经过基层市场。图 3.1 所显示的地区中最主要的道路是从成都东门出发，经过了从牛市口到大面铺，最后到龙泉驿的所有较高层次市场。参照图 3.3 会更清楚，所说的这条公路的一段按推测应该沿着高店子和赖家店市场区域之间的分界线走，事实也确实如此。与此相关的是，这一区域内两个最大的幺店——沙河铺和红门铺——正好位于公路上按密集模型 B 所要求的新市场应在的位置上——沙河铺在与高店子、赖家店和牛市口等距离的地点，红门铺则在与高店子、赖家店和大面铺等距离的位置上。这两个幺店在 1949 年都已经各有几十家店铺，对我和我的报道人同样清楚的是，如果沿东门外的公路建立新的市场的话，它们一定就建在这两个地点。另一个有关的事例是斯潘塞所报告的犍为县，这个县的大部分位于成都西南方肥沃的岷江河谷中：三焦寺，20 世纪 30 年代建立的一个新市场，其位置就选在"三个其他（集镇）之间分界线的交点上"。[1]

现在让我概括说明两种空间模型最后密集方式（见图 5.6）之间的实质性差异。在模型 A 分布中，每个基层市场依附于**两个**较高层次市场，而在模型 B 分布中依附于**三个**。在模型 A 中，每个中间市场区域相当于**四个**基层市场区域（高层次市场

---

[1] J. E. Spencer，"The Szechwan Village Fair，" 1940，caption to Figure 3，p. 51.

自己的基层市场区域加上六个下属基层市场各自市场区域的一半)。而在模型 B 中仅相当于**三个基层市场区域**(高层次市场自己的基层市场区域加上六个下属基层市场各自市场区域的 1/3)。

因此,一个中间市场区域在模型 A 中比在模型 B 中包括更多的村庄:在前一种情况下,最理想的是有 72 个村庄结合在一起,后一种情况下只有 54 个。既然在模型 A 类型的山区环境中,居民点往往分布较为稀疏,模型 A 的中间市场区域的规模在用单位面积的绝对数表示时也就更大。例如,图 2(模型 A)中表现的两个完整的中间市场体系平均面积为 235 平方公里,而图 3(模型 B)中显示的两个完整的中间市场体系平均面积为 105 平方公里。这两种对比的模型还使我们预期这两种中间市场体系之间绝对规模的差异在面积方面比在人口方面更大,因为尽管模型 B 中每个中间市场体系下属的村庄要比模型 A 中少,但每个村庄的平均人口都比模型 A 中的更多。

最后,如同对山区可以预期的一样,模型 A 的发展造成比较简单的道路网络(见图 5.6)。连接中间市场的道路经由一个基层市场,并且这同一个道路体系还起了把中间市场和所有较高层次中心地连接起来的作用。然而,在模型 B 中,有两套道路连接高层次市场,一套不经过基层市场,另一套则经过两个基层市场。第一套为图中的基层市场体系和中心市场体系服务;第二套为中间市场体系和城市贸易体系服务。

需要指出,两个模型都显示出在密集循环终了时每个**基层**市场体系由 18 个村庄组成,如它在开始时一样。然而,在绝对面积和人口方面,两个模型中的基层市场体系之间始终存在差异:模型 A 结构中的基层市场体系与模型 B 结构中的相比,面积往往较大而人口则较少。[①]

现在让我们抛开两种模型之间的差异来考虑两种模型描述的密集循环的一般特征。开始时村庄与市场的比例较低（在图5.1中为6），逐渐增长到18（图5.2），然后达到24—30之间（图5.3），又发展到30—36之间（图5.4）。这时开始出现小市，在模型A中，第一个新的**基层**市场开始形成前，这个比例可能上升到40多甚至50多（图5.5）。[②] 随着新的基层市场建立，村庄与市场之比下降——当大多数新市场在很短的时期中一个接一个地成立时急剧地下降。由于整整一轮新市场建立之后，新村庄才逐渐完全填满这一地区，比例会降到18以下，然后再逐渐上升到均衡模型的平均值。

这一理论能够用一个实例来检验吗？可以引证很多实例，如前文提到的揭阳县，该县的村庄与市场之比在公元1895年到1935

[①] 举一个四川南部的例子，可以把南川县（其地形几乎全是山区）与其近邻巴县作比较，后者包括了长江和嘉陵江沿岸几块相当大的冲积平原。前者的市场结构几乎完全接近模型A，后者的市场结构中则有相当大的部分接近于模型B。因而，南川县的基层市场体系（在它们以镇区的形式表现时——见下文）与巴县相比，平均面积较大（76平方公里对41平方公里）而人口较少（7659人对11558人）。模型A结构中的基层市场体系与按照模型B分布的市场体系对照，其间的差异在面积方面比在人口方面更为明显。因为，如表1和下文的表5所示，在很高的人口密度水平上——当然，这种情况往往与肥沃的平原相关——基层市场体系的人口可能被视为与密度反向变化，并因此与面积同向变化。

[②] 可以预期这一比例在模型A中比在模型B中上升得更高，因为在密集过程达到终点时，前者原有的基层市场区域的18个村庄会发展到72个，而后者仅发展到54个。如果为了作比较而假定新一轮基层市场中的第一个仅在每个潜在区域都有了12个村庄时才会建立，那么，模型A的临界点是54个村庄，而模型B是42个。此外，由于模型A地区的村庄通常户数较少，维持一个新的基层市场所需的最低村庄数量可能会比有较大的村庄的模型B地区要多。值得注意的是，为文献充分证实的村庄与市场之比超过50的仅有的情况是对山东半岛上一个丘陵地区的记载：在威海卫的租借地内，20世纪初有315个村庄，却仅有6个集镇。Reginald F. Johnston（庄士敦），*Lion and Dragon in Northern China*（New York，1910），p. 129.

年的 40 年间,从刚刚超过 12 上升到接近 40。但是,在 30 年代到 40 年代之间,揭阳县是否如这一理论所描述的那样继续有新市场建立呢? 这一比例是否随着新的基层市场的形成而出现过下降呢? 我还无法回答这些问题。最理想的是能有某一个县在一个涵盖了整个密集循环过程的时间跨度中,某些年份的市场和村庄的数量,我必须继续寻找随便哪一个县的成系列的这类数据。

但是,有几种相当有用的资料能够进行分析,以尝试证明或支持这一理论。19 世纪 90 年代修订的关于广东省的一个引人注目的官方记载提供了每一个县的市场和村庄的数字。[1] 我计算了该省 9 个地区的比例,如图 6 所示。当这些地区按照农村人口密度排列时(在一个农耕社会中,人口密度与全部土地的单位面积农业产量紧密相关),它们形成下面的次序:

地 区	农村人口密度 (人/公平公里)[2]	村庄/市场 (平均比例)[3]
海南	63	13.6
北部客家	64	14.9
东北部客家	90	19.0
西部边缘	116	17.5
西北部	123	19.1
中部偏西	187	23.1
中部偏东	213	23.4
潮州方言区	261	31.2
中心区	356	17.9

[1] 张人骏:《广东舆地全图》,光绪二十三年(1897),卷 2。由于某种原因,原书略去了高要县和赤溪厅的市场数字。为了便于计算,假定前者有 34 个市场,后者有 2 个,这是按照它们邻县的比例推算的。

[2] 计算人口密度所用的各地区人口数字,是以一些县较近期的人口调查为依据估计的。这些调查认为 1897 年全省人口约为 2600 万人,农村人口为 2340 万人。

[3] 这些比例是每个农村市场所属村庄的数字。我的估算依靠县志提供的数据,其中包含了很多城市。在广东全省推定的 1691 个市场中,约有 73 个严格说来是城市。计算比例之前,所有地区的市场总数中都排除了城市。

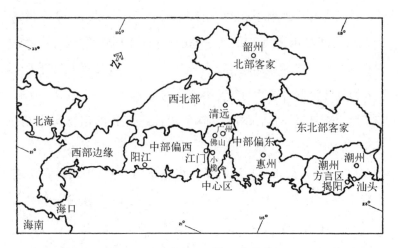

图6 广东,19世纪90年代,计算村庄与市场比例的地区划分以及主要城市中心

如果我们假定在产量较高因而人口较密集的地区中,居民点的密集发生得较早,并且(或者)发展进程更迅速,那么,上述地区排列次序就应该与密集循环的阶段有关。当把这些地区所提供的村庄与市场之比按同一顺序排列时(见上表),情形完全符合我关于密集循环的假设。海南和北部客家地区,这两个该省在19世纪90年代最边远、最不发达、都市化程度最低的地区,①比例比较低,推测在这两个地区中农村居民点分布模式大部分还没有达到稳定平衡的第一阶段,当时,这些地区似乎处于图5.1和图5.2所表现的阶段之间。接下来的三个地区中——居民更密集但几乎没有什么城市——农村居民点平均说来好像达到了初次平衡阶段(图5.2)。上列名单中接下来的两个地区,即广州三角洲以西和以东地区,人口相当稠密,每个地区都拥有几个中等大小的城市,19世纪90年代,它们看来正顺利地走向密集循环(见图5.3)。潮州方言区,包括韩江三角洲在内,有稠密的人口,甚

————————

① 海口和韶关多多少少发展为城市是20世纪的事情。

至在汕头于 1858 年作为对外通商口岸开放之前就已经高度都市化,19 世纪 90 年代,这一地区似乎处于图 5.4 显示的较为先进的阶段。最后我们来看中心地区,它包括珠江三角洲的大部分、广州(一个地区性城市,该省最大的都会,1842 年以来的通商口岸)和其他几个重要城市——无疑是该省都市化程度最高的地区以及农村人口居住最稠密的地区。在地区排列表中这一地区的村庄与市场之比降到了刚好低于 18。这一点有力地显示出,到 19 世纪末,在中心区的大部分地方已经出现了新一轮基层市场,密集循环正在接近于完成。

在可以列举第二个相关的实例之前,有必要把此前已提出的理论精炼地叙述一下。引起一个地区密集过程的压力可以相当简单地用两个标题概括:(1) 当地家庭密度的增加;(2) 家庭参与交易过程的程度提高。① 我相信,人们通常会同意,在近代以前,第二个因素在决定市场设施的扩大方面所起的作用是极为次要的。

---

① 这两个因素可能互为消长,至少在某些条件下如此。例如,一旦一个地区到处都住有人家,所有可耕地都得到有效耕作,人口的进一步增长就会最终促使每个家庭的平均交易额下降。当某个农场上工作的劳动力总量中新增加人手带来的产量的增长额低于他的消费时,这个家庭所得的可以投入市场的净剩余就会变少。在理论上,可以达到这样一点:由于人口增长而引起的户数增加可能——通过迫使家庭产品中越来越大的部分用于自身消费——使每个家庭的交易额下降,直到区域内的交易总额也开始下降的程度。然而,尽管中国确实发生过这个方向的变化——例如,它可能构成被视为王朝循环最后阶段特征的经济萧条的组成部分——但肯定只在极少情况下达到过全部市场容量下降的程度。首先,家庭并不是消极地眼看着剩余产品的减少,而是受到刺激从而通过发展家庭工业,或通过用劳动密集过程使其农产品增殖的方法,去增加他们可以出售的产品。其次,人口对土地的压力增加而造成人均收入下降,这时家庭开始出售具有较高价值的粮食作物(稻米或小麦)以换取价格低廉的粗粮(高粱、小米、玉米或甘薯),这种情况可能引起粗粮交易额的增加。参见 J. Lossing Buck(卜凯), *Chinese Farm Economy*(Chicago, 1930), pp. 356 – 365.

在任何情况下，无论交易活动增加是由户数的增长引起，还是由家庭自给部分的下降引起，把新市场的建立想象成唯一能吸收它的机械运动过程都是过于简单化的。显然可能有两种其他反应——已有市场平均每个集日的贸易额可能增加；或者单位时间中集日数量也可以增加。即是说，人口增长和（或）平均每户自给程度的下降可以引起三种可能反应中的任何一种或三种同时出现：市场规模扩大（即平均每个集日赶集的人数）、传统集期中增加新的集日、市场数目增加。可以设想，第一种反应最为敏感，并且完全是自发的。传统集期中新集日的增加则通过市场管理机构有意识地决定而实现，[1]这些机构可以直接采取行动以减轻集镇设施的拥挤，或者可以有目的地延缓成立新的竞争性市场。因此，可以预期集期的增加特别频繁地出现在接近密集循环终点的区域中，并且即使新市场成立以后也还要继续下去。

现在不妨扼要重述一下包含所有三个因素的市场活动密集循环理论。在第一阶段（从图5.1到图5.2），当新村庄建立时，可以预期的唯一反应是市场规模扩大，在第二阶段（从图5.2到图5.4），不仅市场规模会继续扩大，而且会逐渐增加新的集期。在最后阶段（图5.5），第三种也是最激烈的一种反应——新市场的成立，同时而来的是，随着旧的基层市场添加了新的中间市场的职能而使集期更频繁，市场规模则同时下降。在循环终了时，如同开始时一样，对持续扩大的压力可预期的唯一反应是市场规模的扩大。

---

[1] 参见 Spencer（第52页）："由于集日类型（即集期）由村庄（即集镇）中的长者依他们自己的意志确定，因而无法为交易额或上市的人次规定任何简单的限制。"

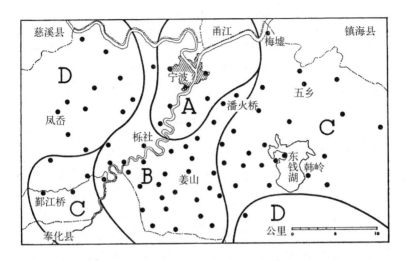

图7 浙江鄞县,1877—1937年的4个不同发展带以及1937年的集镇。鄞县集镇中有5个不在图中,其中3个在地带C东部,2个在地带D东南部。(鄞县境外的集镇没有标出)

现在我们转向一个可以进行更复杂分析的例子,资料引自1877和1937年的鄞县方志。[①] 这是一个包括宁波在内的地形多变的大县。资料完整到1877年每个在运营的市场的命运都可以追踪到1937年,并提供了这两个年份存在的所有市场的集期。此外,1937年的县志中提供了一份包括所有村庄的完整名单,从而可以计算那年的村庄与市场之比。图7包括了鄞县的大部分,并标出了1937年的市场分布。从图上看,这一区域可分为四个或大或小的同心地带。地带A完全围绕着位于宁波平原中心的宁波市;地带B包括宁波市以南的冲积平原其余部分的大部;地带C在地形上较为多变,包括东部、南部和西南的丘陵与河谷;而地带D则由陡峭的山地组成,在鄞县的西部和东南。我的理论预言在密集循环中,D应处于最落后的位置,A则最先进。

①《鄞县志》光绪三年,卷2;《鄞县通志》,民国26年,舆地志,第3、7册。

关于地带 D 的实际情况如下:1877 年的 14 个市场到 1937 年仍在运营,没有成立新的市场。这 60 年间集期发生的唯一变化是有一个市场的集期由每旬三次减到了两次。1937 年每个市场的村庄数为 18 个多一点。① 这三种情况合在一起刚好适于下述假设:1877 年地带 D 已处在循环的第一阶段(即图 5.1 和图 5.2 表述的状况之间),在以后的 60 年中,密集过程限于新村庄的增加——补足已建立的市场的村庄标准数额——和市场规模的扩大。

关于地带 C,各种实际情况聚拢成为一幅相当不同的画面。在这 60 年中,市场从 23 个增加到 30 个。市场数量增长的同时,伴随有集期频率日益加密,结果使这一地带每旬的集日数增长了 120%(由 54 上升到 119)。地带 C1937 年的村庄与市场之比与地带 D 相似——约 18 个多一点。这一切情况都符合下述假设:1877 年地带 C 已正常进入密集循环(约为图 5.4 显示的阶段),这 60 年恰好包括了循环中集期最可能增加的时期,到 1937 年,它已经接近但还没有全部完成新市场形成的最高阶段。这些情况暗示出 1937 年地带 D 的村庄与市场之比正在上升,而地带 C 则正在下降。

有关地带 B 的实际情况包括:这 60 年中市场数量(从 21 到 31)增长率较高,同时集期的增加略为迟缓,每旬集日总数增长了 92%。需要注意的是,1877 年地带 B 集期的平均次数比地带 C 的要高(每旬 2.9 比 2.4)。1937 年地带 C 每个市场的村庄数明显低于该县所有其他部分——约为 15 个。这些明显事实完全适

---

① 村庄与市场之比按照鄞县 1937 年所划分的区来计算,由于区界与地带边界或市场区域边界不完全一致,所以不能准确列举各地带的比例。

于并符合下述假设:1877 年地带 B 仍然比地带 C 先进,尽管当时它已接近循环的最高阶段(约为图 5.5 显示的阶段),集期却一直在增加中,并且在以后 60 年中,完全形成了新一轮基层市场,但直到那时为止,每个市场下属村庄的标准数额尚未完全补足。

至于地带 A,我们遇到的是一种我认为在传统中国极为异常的现象。它将很好地说明现代变革的性质。

二、现代的变革

在探索传统中国市场在 20 世纪前半叶如何变革时,我们遇到了某种表面看来不合理的情况:尽管各个方面都出现了经济现代化的迹象,定期市场却仍然繁盛,按杨庆堃所说(p.6):

> 铁路的修筑和现代工业制度的冲击迅速改变了市镇的地位和整个地区的经济结构⋯⋯但是,在这些变化发生时,定期市场的体系继续发展。

确实,在 1949 年前中国大部分地区,定期市场体系的表面状况是健全的。民国时期,已建成的市场中大部分有所扩大,很多市场增加了新的集期。直到 40 年代,新的基层市场一直在建立,20 世纪中叶,中国大陆农村有比以往任何时候都多的定期市场,市场体系中引进的现代要素只是——或者看上去只是——使传统的火焰烧得更旺。

这种表面上不合理现象的真情是——已经由一般理论加以论证,并通过了中国个案的实证检验——一个有限的区域内定期市场的真正现代化必然给周围更广阔区域中的**传统**市场体系带来新的生命。然而,要理解其缘由,需要简要分析从传统的变化到现代的变革之间的过渡。

当然,这个过渡是个渐变的过程。很多属于现代发展过程的要素出现于传统变化的模式中,现代化的初始阶段也可能只不过是一些熟悉的要素的重新组合。当我们考察一个中国传统集镇向现代贸易中心的转化时,这一点表现得相当明显。这种转化的相关要素中有:(1) 集镇中进行的贸易总额增长;(2) 每周的"市场时数"增加;(3) 坐贾对行商的比例增加;(4) 经济专业化的程度提高,范围扩大。

让我们注意开始处的一个重要事实:在整个传统时代,当一个集镇在中心地等级内向上发展时,正是同样一些要素的增长构成每一次升级的特征。中间集镇的贸易总量大于它下属的任何一个基层集镇,再向上的层次也同样。集期往往随着一个市场由低层次向高层次的发展而增加,19 世纪时每日集在中心市场相当常见。市场交换中供给一方的坐贾对行商的比例如同镇上店铺与商号的绝对数量一样也持续增长。最后,随着中心地类型的提高,贸易参与者中有越来越多的部分具有专门的经济职能,即活动范围更狭窄并受到更严格的限制。自己推销自家产品的生产者通常出现在基层市场上,在中心市场上则极为少见。中心市场的专业化商店代替了基层市场上的"杂货店","土特产"商人成为专营花生或稻米的商人。经济职能的更细的分工既是传统市场向现代市镇转化的特征,也是传统中心地等级每提高一步的特征。

因而,在某种意义上说,传统中国集镇向现代贸易中心地的变革,重现了完全传统内容的中间集镇向较高层次集镇的缓慢变革过程。在上面列举的 4 个因素中,集镇贸易总额的增长看起来最重要,因为集期的增加、坐贾对行商的比例增大、专业化和分工的程度提高等一系列变化都依赖于需求扩大。不仅在传统变化中而且在现代变革中,需求的增长可能部分由于参与交易过程的户数的增加,部分由于每户进行的交易量的增加。在传统的"发展"中,前者的作用更大;家庭自给部分的下降总的看是次要的和零星的。然而,现代化的特征却是农业经济逐渐商业化,从而使户均交易额的增长在提高需求方面起了前所未有的作用。①

还应该特别指出,参与交易过程的户数的增加——在传统"发展"中几乎完全由于一个地区中家庭不断的密集引起——在现代化条件下主要通过市场中心为之服务的面积扩大而实现。所以,市场体系现代化是两条腿走路:市场区域扩大和家庭自给部分的迅速缩减。

这里使用"现代"一词归根结底是由于动力机械化在两方面造成戏剧性的变革。一个传统市场体系的现代化,只有在经济效益较高的运输设施将它与具有同样经济效益的外部生产体系连接起来时才能够开始。在中国,只有在轮船、铁路或经过改善的道路,将城市与国外的或国内的(1895年后)工业生产中心连接起来时,才算具备促进**现代**变革所必需的效益水平。

在中国,现代交通工具的引进在最初的几十年中,几乎完全限于连接较大城市中心的路线。轮船定期来往于汉口和南京之间,或厦门和汕头之间。从南京到上海或从青岛到济南的铁路修

---

① 卜凯1922—1925年对中国一些省份农业经济的研究,为在或多或少的商业化条件下农民家庭自给水平提出了一些标识。在华北8个地区中,约1389个农户平均每年从他们的农地中得到他们所消费食品及劳务的3/4,相反,华中东部5个地区中的981个农户,年平均消费量中产自农地的不足3/5,"这是[调查员认为的]华中东部农业商业化程度较高的标志,这个国家大量的城市人口集中于此"。华中东部所调查的农村家庭,衣物中98%靠购买,而华北的农户只购买60%;前者要购买24%的食物,华北的农户只购买12%。J. Lossing Buck, *China's Farm Economy* (Chicago,1930), pp. 391-393.

筑好了。可以行驶卡车和公共汽车的改良道路连接了常熟和上海或天津和北京。各个贸易体系中心之间的运输费用由此而大幅度下降。①

农业经济怎样在一个与外部供求结构相联系的城市贸易体系内发生变化呢？我们假定这个城市已通过一条新的铁路与一个大纺织工业中心联系起来，在此之前，高昂的运输费用曾阻碍这个城市的商人向工业中心销售原棉，并且，在这个城市的贸易体系内，输入的机织布只能在城里的市场上销售。由于出现了新的联系，原棉的购买价格不仅在城市中而且在这个城市市场体系下属的所有市场上都会提高。体系内棉花买价的尖锐差别——城里最高，周围的第一环集镇上明显降低，第二环集镇上更低，等等——依然存在，因为当地较高的运输费用没有变化。然而，由于价格水平越向城里越高，远至第二环甚至第三环农村集市上，对棉花的要价可能提高到足以刺激棉花种植的程度。同样，机织布的销售价格不仅在城市，而且在其市场体系内所有市场上都会下降，结果是，以前由于价格过高，即使在城市周围第一环集镇上都没有销路的外来纺织品，现在在远至第二环集镇上都可以稳定地销售。对于不如纺织品那样大量的制造品来说，由新铁路引起的销售价格的下降可能有助于使它们在体系内最边远的地方得到销售。于是，农业商业化最终使农村手工业衰退，并使消费水平不再随着从密迩城市的子市场体系到更遥远的子市场体系而

①卜凯 1929—1933 年对中国农村经济的出色研究提供了将农产品运到市场上去的平均运输费用数据。以每吨英里所需银元为单位，短距离和中距离运输时最常见的传统运输方式平均费用如下：帆船每吨英里 2 角 1 分、大车 4 角、手推车 6 角 3 分、驴驮 7 角 1 分、肩挑 1.39 元。与此对照，轮船中距离运输的费用为每吨英里 8 分，火车是 9 分。以上数字据 J. Lossing Buck, *Land Utilization in China*, *Statistics* (Nanking,1937)表 4 和表 5，第 346—347 页计算。

逐渐下降;一个通过现代交通而与外部世界发生联系的城市,甚至在其贸易区域内最远地点的子体系中也可能发生某种程度的商业化。

随着城市贸易体系内道路的改善和机械交通工具的引进,这些设施由城市向外辐射,最终延伸到依附于它的中间市场和中心市场。当现代交通把一个中心集镇与处于核心地位的城市连接起来时,商业化就在这个市场体系内扩散到此前几乎未受触动的下属的中间市场体系去。

一般说,位于城市贸易区域边缘的市场体系在现代交通系统伸延到它们那里之前就已经部分商业化了,更别说在其内部展开。只要有一条把其核心与更高层次中心地连接起来的现代道路渗透到体系中,这些市场体系就会进一步商业化。所以,由于一个城市贸易体系内农业的现代化通常开始于一波又一波持续的商业化,处于发展中的城市边缘总是优先得到现代交通的服务。

在这一过程中,当从城市到紧紧围绕着它的大多数中心集镇和中间集镇之间筑起了较好道路时,很明显,距城市最近的 6 个基层市场体系会得到现代道路的良好服务。当然,这些道路并非专为这一区域内农民的利益而修建,在最初阶段,农民自己也不会使用任何现代交通工具。但他们**会**利用道路,应该指出,当人力车、独轮车、大车,乃至肩挑背负的步行人,从弯弯曲曲的小路或半年泥泞,另半年又带有深深车辙的道路上,转到笔直的、平坦的、四季可通行的道路上行走时,经济效益会明显增长。在这一阶段,直接围绕城市的基层市场环的丧钟敲响了。在下一个阶段,当中心市场与其下属所有中间市场之间的道路得到改进后,城市外围第二环集镇中的基层市场也被排挤并消亡。

为什么在现代化过程中交易活动会从基层市场转移到高层

次市场去？首先，在基层集镇得到现代交通事业服务之前的很长时间中，商业化已经诱使农民家庭更经常地到他们的中间市场上去进行交易，在传统时代，农民对输入品的需求如此有限和零星，以至于附近中间市场上的优惠价格通常并不成为使他们去那里交易的理由。然而，一旦农民在输入品方面的需求成倍增长，更经常地到较高层次市场上去交易就明显地有利可图。其次，中间市场借助于与更高层次中心地的现代交通，现在能够用比过去更低的价格提供更多种类的商品。再加上把较高层次市场与城市连起来的新道路必然会经由一部分基层市场区域，并由此减轻某些村庄与其中间市场间距离的阻力，住在新道路附近的村民们会发现可以方便地直接在中间市场上出售他们的产品，从而从那里较高的收购价格中获利。同时，高层次市场上容纳的较大的贸易额，随着农民的交易活动由基层市场转移，使更大程度的专业化和分工成为可能，企业效益的随之上升又使较高层次市场上的商号能够不断提出与邻近基层市场相比更为有利的价格。当中间市场体系内部的交通设施得到改进时，出现了对基层市场的致命打击。不仅农民需要更经常地到中间市场去，从而使他的利益不断增长，甚至住在最边远地方的农民现在也有可能每隔一段合适的时间就去一次中间市场。

所以，较高层次集镇向现代贸易中心的转化只有以邻近市场的需求下降为代价才能实现。随着一个较小市场上交易人数的减少，集期可能削减，最终这种条件不利的集镇上的市场会关闭。要注意的是，这些反应与传统市场体系中需求上升引起的反应正好相反。当然，我们在这里遇到的是与传统过程完全相反的过程。传统时代市场体系的"发展"所依赖的密集过程使市场区域的面积随着新集镇在这个地区的不断增加而持续**缩减**，而集镇转化为现代贸易中心所依赖的过程却使市场区域的面积随着旧市场的关闭而不断**扩大**。

宁波市的紧邻,图 7 中的地带 A,1937 年正处于这一过程的初始阶段。在我们用作基准的这 60 年开始时,地带 A 中除了市区,共有 11 个定期市场。城市南门和西门外,密集区域边缘的两个市场,集期为每旬一次,分别为逢三和逢八。其他市场中有 6 个,包括宁波东门外的城关市场在内,是每旬 2 集,其余 3 个市场每旬 3 集。到 1937 年,6 个每旬 2 集的市场中有 4 个关闭了;每旬 3 集的市场中关闭了 1 个,另外两个把集期削减到每旬 2 次。在这 60 年中,城关市场的集期没有变化,1877 年后的某一年,可推定在现代化开始之前,地带 A 中成立了一个新市场——在通往南门的路上,每旬开市 2 次,以后没有再增加。因此,在 1937 年,除 3 个城关市场外,地带 A 中仅剩下 4 个集镇,均为每旬 2 集。其中一个在 1937 年仅拥有四五家店铺,看来正濒临关闭。

这样,地带 A 就与其紧密毗连的地带 B 截然相反,在后者市场数目增加 30%,集期也急剧增加的同时,前者的市场数目和集期都在减少。正是在地带 B 每旬集日由 61 个增加到 117 个的那些年中,地带 A 的集日由每旬 23 个下降到 12 个。

所以,只有在地带 A,定期市场经济才转化为现代的市镇经济。只有在一个已经商业化的中心市场体系内发展起现代交通网络,并达到使这一体系中的基层市场消亡时,才会出现真正的现代化。[1] 相反,如果没有体系内交通运输条件的改进,商业化

---

[1] 30 年代初期,图 7 中的所有河流都有从宁波出发的轮船航行,同时,从宁波向南到奉化、向西北到慈溪和观海卫、向东北到镇海的公路已全部建成。公共汽车连接了宁波与奉化、镇海和慈溪。《中国实业志·浙江》(上海,1935 年),第 115—122、847、872 页。

只不过是一种虚假的现代化。它意味着每个市场上贸易总量增长的结果与以前论述过的传统变化理论所预言的情形没有什么不同：现有的市场增加集期和新市场的形成，还有**传统**的定期市场体系的空前繁荣。如在鄞县地图上的地带 B 和 C，先于交通现代化的商业化加速了传统的密集循环。①

---

① 地带 B 和 C 的市场在集期安排上表现得不够规则，在这方面，宁波市的腹地是其他近代化城市周围肥沃平原的典型。这种状况的产生是由于这类地区经历的强有力的商业化很快把它们引导到密集循环的顶点。随着新市场的建立和原有市场集期的增加，一个基层市场要与它所依靠的中间市场取得或保持集期协调变得越来越困难。在很多情况下，完全避免冲突的唯一方法是改变原有的集期，或多或少脱离其规则模式。

$$3-8 \qquad 2-7 \qquad 5-10$$
$$\downarrow \qquad \downarrow \qquad \downarrow$$
$$3-6-9 \qquad 1-7 \qquad 2-5-8$$

作为举例，我们可以采用一个模型 A 分布，其中一个有规则的 2—7 集期的基层市场依赖的中间市场为 3—8 和 5—10 集期。如果中间市场采用每旬 3 集的规则，集期使它们的集日增加，那么，基层市场可能把集期改为不规则的 1—7，以便维持与两个中间市场的完全协调。如果两个中间市场竟然采用每旬 5 次的集期，同样的改变也是有益的。但如果两个中间市场都采用单日集期，人们就会期望基层市场改为不规则的 2—8 集期——这种改变也维持了一个集日的继续使用。（如果一个中间市场采用单日集期，另一个采用双日集期，基层市场会自然而然地保持规则的 2—7 集期不变，以避免与两个中间市场中的任意一个完全冲突。）

这种情况引起了一些新的不规则的集期系列，即：

1—7	1—3—7	1—3—5—7	1—4—7—9
2—8	2—4—8	2—4—6—8	2—5—8—10
3—9	3—5—9	3—5—7—9	1—3—6—9
4—10	4—6—10	4—6—8—10	2—4—7—10
1—5	1—5—7	1—5—7—9	1—3—5—8
2—6	2—6—8	2—6—8—10	2—4—6—9
3—7	3—7—9	1—3—7—9	3—5—7—10
4—8	4—8—10	2—4—8—10	1—4—6—8
5—9	1—5—9	1—3—1—9	2—5—7—9
6—10	2—6—10	2—4—6—10	3—6—8—10
[1—7]	[1—3—7]	[1—3—5—7]	[1—4—7—9]

第一栏每旬 2 集产生的情形已经叙述过。第二栏每旬 3 集和第三栏每旬 4 集适用于那些其所依赖的较高层次市场全部采用单日或全部采用双日隔日集期的市场。采用第四栏每旬 4 集时间表的市场处于由规则的每旬 3 集市场组成的互相依赖的体系中。

当然，在模型 B 分布中比在模型 A 分布中更难于取得集期的协调，因为模型 B 中，每个基层市场要依赖于 3 个高层次市场。这一因素在正处于现代化过程中的城市附近的平原上也促成了集期的不规则性。

对于虚假的现代化,杨庆堃在 1932—1933 年研究过的山东邹平附近的交易活动比其他任何地方都更能说明问题。距邹平最近的中心市场周村,自 1904 年起就与东面的海港青岛和西面的城市济南通了铁路,到 1912 年,济南也有了通往天津和浦口的铁路。到 1933 年,在以周村为中心的整个中心市场区域中商业化都很显著。仅引证一个最突出的例子,在这一体系的两个中间市场和一些基层市场上出售的布匹中大部分是机织布,在条件合适的所有地方,棉花都作为经济作物种植。无论是从这一体系运往济南、青岛和天津纱厂的原棉,还是进入这一体系的布匹,都通过铁路运输并经由周村。然而,为这个中心市场体系服务的内部交通网却由单行的土路组成,这些路在很多路段过于狭窄以至货车无法互相交错。这个地区种植的棉花按下述方式集中:"农民背上驮着大包的棉花,川流不息地运往基层市场,在那里收购商挑出好的部分,经过讨价还价,然后送到设在[中间集]镇上的栈房轧籽和打包,再用牲口或大车运往周村……"[1]杨庆堃的研究就这样提供了一个经典范例,说明了一个市场体系如何由于中心市场与较大城市间长期存在的现代交通联系而商业化,却又由于内部道路体系长期不变的传统性而实质上没有现代化。更多的商品通过更多的车辆,运往集期更频繁的更多的市场,进入更多的店铺[2]——但没有总体的变革。

---

[1] C. K. Yang,第 34 页。在第 27—29 页有全部交通体系的图解,在第 34—37 页分析了商品化。

[2] 自从 20 世纪初起,该县所有中间市场的集日都增加了一倍,据 1911 年的省志记载,邹平县有 14 个市场,杨庆堃在 1932—1933 年发现那里有 26 个市场。

然而,山东并非到处都像邹平这样落后。甚至在民国建立前,一些县里已出现了真正农业现代化的迹象。这里我列出1911 年省志提供的数据。[①] 这个汇总记载了山东省 107 个县中每个县农村市场的数字。再加上各个县的面积和人口数字,就可以制作出一张表格,根据两个变量——每市场平方公里数(即市场区域的平均面积)和人口密度——为 1911 年的每个县归类。[②]从表 2 看,这两个变量明显地以下述方式互相关联:人口稀疏的县市场区域的面积常常较大,而在另一端,人口密集的县市场区域往往较小。市场区域的面积与人口密度反方向变化,如第一部分中指出的,仅应出现在传统背景中。

然而,应该指出,表 2 右下部分的几个数据明显减弱了它所显示出的相关联系。两个变量之间强烈的反向关系本应表现为数据集中于从左下向右上对角排列的"单元格"中,而左上方和右下方的单元格中本应很少或没有数据。在这个表格中,左上方的单元格确实是空白——这就是说,1911 年山东省人口稀少的县中没有一个有面积较小的市场区域——但右下角的单元格中有几个县人口密度很高,又有面积较大的市场区域。这些县表面上看是反常的,是与市场区域面积和人口密度反向相关这一命题相抵触的异常事例。

---

① 《山东通志》,宣统三年(1911),卷 1—2。

② 然而,所用人口数据远不能令人满意。1916 年内政部公布的 1912 年山东人口总数看来无法使用。因而这里以较为可靠的 1948 年数字为基础,用中国邮政总局1919 年的估计(*The China Year Book*,1921‐22,pp. 14‐15)进行修正。(有些县1919—1948 年的比较或是显示出人口增长超过了 70%,或是显示出人口的纯粹下降,1919 年的数字用来对这些县做调整。)如果有可靠的人口统计可供计算 1911年的人口密度,表 2 中的分布无疑会更为集中。

表2 农村市场平均面积,按各县人口密度分组,山东,1911年

每农村市场平方公里数	人口密度								合计
	—119	120—159	160—189	190—209	210—229	230—249	250—299	300—	
20—39	/	/	1	1	2	3	9	7	23
40—59	/	/	1	3	2	2	5	5	18
60—79	/	1	1	3	3	4	8	2	22
80—119	2	3	1	4	2	2	3	3	14(20)
120—	5	2	4	2	2	2	6	1	15(24)
合计	7	6	8	13	11	11(13)	22(31)	14(18)	92(107)
不包括15个异常县的市场平均面积	158	104	93	81	63	57	46	39	
15个异常县的市场平均面积	/	/	/	/	/	173	140	110	

资料来源:《山东通志》,宣统三年(1911),卷1—2。

然而,上述命题是建立在以传统的变化为前提的基础上的,应该回想一下,真正的现代化是会使市场区域的面积随着较小市场的消亡而**扩大**的。因而,一个县的市场体系现代化程度越高,该县市场区域的平均面积与其人口密度等级相比就越有可能异常大。所以,这里做的分析预示,表2右下方单元格中显示的15个异常事例(在黑框内的)将证实这15个县在1911年现代化已达到使一部分传统的基层市场关闭的程度。在鉴别出这些"异常"县并确定它们的位置后,值得注意的是,15个县中有13个构

成了 3 个互相接触的区域:一个在山东西部大运河与黄河交汇处;一个在该省中部,山东 1912 年修筑的第一条铁路穿过这一地区,同时在这一地区内,内部交通运输的发展与 19 世纪后期开发的煤矿联系起来;还有一个环绕胶州湾。让我们叙述一下最后一个地区早期的现代化。

这个区域由 3 个"异常"县组成:胶州湾东岸的即墨、西岸的胶州和西北方内陆的高密。1897 年 11 月,即墨县南端的半岛和全部海湾沿岸被德国海军占领,随后,德国人获得了胶州租借地和在山东省一个更大的区域内发展的权利,胶州迅速地发展起来。在一个渔村的位置上建起了青岛市,1904 年建成了一个现代港口。① 1899 年开始修筑的一条穿越这三个县的铁路,1901 年修到胶州州治,1902 年修到高密县城,1904 年修到济南。② 1912 年,这条铁路被说成是"一条贯穿全省的······强大血管和命脉",结果是"铁路两边无数沉睡的村庄······带着新鲜的活力和能量苏醒"。③ 到 1911 年,通过青岛进行的贸易值上升到 2380 万两。④ 现代道路扩展到全部租借地,并且,比较谨慎地说,这 3 个县有火车站的地方最直接地受到了德国企业的影响。⑤

所以,在这个有限的区域内,商业化和交通现代化在 20 世纪

---

① Robert C. Forsyth(法思远), ed., *Shantung, the Sacred Province of China* (Shanghai, 1912), pp. 113.

② P. H. Kent, *Railroad Enterprise in China* (London, 1908), pp. 140 - 148.

③ C. J. Voskamp(和士谦), in Forsyth (1912), p. 13.

④ C. Yang, H. B. Hau, et al., *Statistics of China's Foreign Trade during the Last Sixty-five Years* (Shanghai, 1931), p. 91.

⑤ 稍晚些时,J. E. 贝克(J. E. Baker)在对中国交通业做了一次调查后,这样写道:"可以说青岛和胶州租借地的现代道路设施比中国其他任何地方都好。这些良好的汽车路······拐弯抹角通向 30 英里外的农村······,这使人想到中国其他地方也可能受到有效的统治。"引自 Milton T. Stauffer(司德敷), ed., *The Christian Occupation of China* (Shanghai, 1922), p. 18.

第一个 10 年中,都迅速地迈了一大步。随之而来的是市场消亡,1896 年《高密县志》中记载有 24 个农村市场,而 1911 年的省志中认为仅有 12 个。即墨县 1873 年有 24 个农村市场——到 1900 年这一数字可能更大——1911 年仅有 15 个市场。[①] 因此,密集的居住人口和大型市场区域的不规则组合在这几个例子中应归之于现代化:市场区域的一部分实际上扩大成为现代贸易区域。

关于这一问题,考察一下一个现代贸易体系的空间特征会是有益处的,尤其是它与它脱胎而出的传统市场结构之间的联系。当然,现代体系形式上是一些传统市场消亡,一些转化为现代贸易中心。在这方面,一个正在现代化的地区中具体市场的命运实质上要由交通现代化的空间模式和时间顺序来决定。被一条现代道路绕开的集镇不大可能发展成为现代市镇。然而,一般说来,一个城市市场体系中交通的现代化过程是符合理性原则的,因此,把每个城市及其下属中心集镇连接起来的路线将首先现代化,随后是连接每个中心集镇及其下属中间集镇的路线,等等。这样一来,基层集镇在现代化进程的每一点上都可能比高层次市场更少得到现代化道路的服务,当基层集镇得不到现代道路的服务从而使它们无法与较高层次集镇发生双向连接的情况成为事实时,基层市场最可能被排除在现代化过程之外是确切无疑的。如我们在讨论传统市场结构的密集时所提到的,基层市场通常比它们所依赖的高层次市场年轻,所以,在现代化过程中首先衰退的市场往往是最近形成的市场。命运给了市场的现代化一种嘲弄:在第一阶段作为商业化成果而产生的市场,大部分命中注定

---

① 农村市场的数据是山根幸夫从地方志中收集的,见山根幸夫,「明清時代華北における定期市」,1960 年,第 495 页。

要在第二阶段衰亡。

当一个地区的市场结构完全现代化时，在理想的情况下，所有传统的基层市场都会消亡，而所有传统的高层次市场都将转化为现代贸易中心。这时，基本的经济单位可能是一个与传统市场体系相反的现代贸易体系。实际上，它是一个转化了的中间市场体系，回过去看一下图 5.6，可以说明它的空间特征。如果图上的 6 个基层集镇降到了村庄的地位，消除了基层市场区域的界限，那么，图 5.6 中保留下来的较大的六边形可以用来代表两种现代贸易体系（最低层次的、最基本的形式）。在理想状态下，一个模型 A 体系应该包括 4 个完整的村庄环(共 60 个村庄)，再加上第 5 环的一部分，而典型的模型 B 体系包括 3 个完整的村庄环(共 36 个村庄)加第 4 环的大部分。

需要指出的是，现代贸易体系具有明确的非离散性。在模型 A 中，整个第 5 环的村庄或是位于体系间的理论边界上，或是与之极为接近。在模型 B 中，6 个以前的基层集镇位于理论边界上，而第 4 环的 12 个村庄紧贴在边界内外。因此，现代贸易体系中的村庄重合远比基层市场体系中的更为明显。图 5.6 再次提醒我们，基层市场体系的稳定均衡模型显示出全部 18 个村庄位置明确地都处于一个并且仅仅处于一个市场区域中。相反，现代贸易体系的稳定均衡模型显示出，在一种情况下，即模型 A 中，60 个村庄明确地在贸易体系内，还有 30 个位置不明确(在理论上，12 个在内，12 个在外，还有 6 个在边界上)；另一种情况下，即模型 B 中，48 个村庄明确在内，还有 18 个位置不明确(在理论上，6 个在内，6 个在外，6 个在边界上)。

得益于乔启明的开拓性研究，我们至少有一个对这种中国贸易体系的文献描述，这个体系在江苏江宁，以尧化门为中心。乔氏的研究作于 1925 年,这时,经由这个镇的沪宁铁路已通车 17 年,在此交汇的两条全天候公路也已通车数年。这个镇及其下属区域位于肥沃的平原上,距南京东北仅几公里远——在一个传统市场肯定按模型 B 分布的区域内。乔氏所描绘的该镇贸易区域图[①]显示出,有 49 个村庄仅依赖尧化门,另有 19 个村庄同时依赖尧化门及相邻集镇中的一个或另一个——这个数字与我们的模型 B 规定的现代贸易区域的数字极为接近。其他一些详细情节也支持乔氏对"农村社区"的解释:镇里的贸易每天进行;建立了各种永久性商店;贸易区域的人口——17400——比与其做对比的其他地区基层市场社区多两倍。

在这种经济背景上发生的基层市场的衰亡引起了巨大的社会反响。文化的滞后和社会发展的惯性,使基层市场社区在基层集镇上的定期集市最终关闭之后仍能维持一段时间,但农民——现在正逐渐成为农场主——的这个社交圈无可避免地要扩展到更大的现代贸易区域边界去。农民的熟人范围扩大到从市民直到贸易区域中其他村庄的居民。他的村庄的婚姻范围可能同样扩大。然而,农民社交圈边界的这种扩张伴随着社区的崩溃。在一个包含了 50—75 个村庄的体系内,几乎无法实现充分的了解和有效的一致性,这时,曾经植根于以基层市场为中心的自然体系中的合作失去了意义,或者充其量只是一种例外。

因而出现了矛盾:在市场体系现代化导致社交范围扩大的同时,它却可能造成了社区的**缩小**。它还使村庄具有了新的意义,随着基层市场社区逐渐消失,它们的大部分社会功能转移

---

① 乔启明:《乡村社会区划的方法》,1926 年,第 6 页。

到下层村庄中,每个小村庄逐渐变得把自身利益看得高于村际合作。在传统时代——这里我指的是 1949 年的成都平原——孩子们可以在邻村选择玩伴,以村际为基层组织团体,人们只有越过基层市场社区的界限时,才认为他们自己是要"外出",而一旦进入外部世界,他们就准备好以他们的基层集镇为标志。但在现代化的农村经济中——这里我用了一个对台北盆地农村最近的描述①——孩子们只可以和自己村里其他孩子一起玩,各种团体通常以村为单位组成,离开村庄就是"外出",在社会中一般说来"普通人的基本标志……属于他自己家庭所在村庄"。

对中国市场现代化的程度应如何总体评说? 尧化门是 1949 年农业中国的何种典型? 在 20 世纪前半叶中消亡的中国基层市场占多大比重? 现代化的高层次传统集镇和城市的比例是多少? 当然,准确回答是很难的,但大致情形可以弄明白。到 1949 年,农业现代化已达到使大多数已经拥有轮船或铁路服务的城市周围的基层市场消亡的程度——通常仅限于城市自身的中间市场体系(如 1937 年的宁波),有时达到城市自身的中心市场体系(如 1925 年南京明显已达到的情况),只是很偶然地发生在城市的整个贸易体系中(如上海相当早期便可推定的那样)。但像尧化门这样的现代集镇在极大程度上只在地区性中心附近和城市贸易体系附近出现,只有一小部分中间市场体系实现了现代化。即便在华东,对于其农业经济已经真正现代化的所有中心贸易体系来说,还存在其他的、像周村那样的仅仅实现商业化的点。简而言之,在民国时期,看似足够的

---

① Arthur P. Wolf(武雅士), 1964 年 8 月 20 日的私人通信。

工业化和交通现代化使大量的农业经济商业化,然而真正的现代化却少得可怜。

1948 年四川盆地的情况加强了这一结论。四川盆地的独特价值来自县下面的一级行政单位和基层市场区域长期的紧密一致。萧公权充分说明了晚清县级以下行政机构令人眼花缭乱的变化无常。[1] 民国时期,行政体系逐渐规范化:县下面一级行政单位最后终于统一命名为"区",区在各地进一步划分为乡镇,或称乡("农村")或称镇("城市")。然而,不管称乡还是称镇,它们的面积和重要性在空间和时间上的变化都是惊人的。随便举一个例子:河南农村 1935 年划分的 20850 个乡镇到 1948 年合并成 1240 个同名单位。[2] 没有哪一年乡镇与任何自然社会或经济体系一致:1935 年的乡镇比自然村大,1948 年的乡镇又比基层市场区域大。

与上述行政上的人为性和混乱性的一般画面相对照,四川盆地表现得截然不同。19 世纪不同时期修订的地方志不断显示出乡镇和基层市场区域的密切吻合。很多四川地方志把县下面一级的行政单位和市场列在一张表中,注明每个乡或镇的名称,而这些乡镇又是依据它们的场(集镇)的名称和位置命名的。1921 年《金堂县续志》列出了 34 个乡镇和 32 个集镇,每个集镇都是一个乡镇的行政机构所在地。1934 年的《华阳县志》列有 39 个乡镇和 38 个"场"(集镇);到 1949 年,同一个县有 40 个乡镇和 40 个农村集镇。鲍大可(A. Doak Barnett)于 1948 年调查过重庆附近农村的社会结构,用他的话来说:"每个(乡或镇)都是一个完

---

[1] *Rural China*:*Imperial Control in the Nineteenth Century*(Seattle, 1960), Ch. 2.
[2] 1935 年的数字引自《内政年鉴》(上海,1936 年),第 645 页。1948 年的数字引自官尉蓝编:《"中华民国"行政区划及土地人口统计表》(台北,1956 年),第 81 页。

整的经济区,其中心是一个有市场的村庄。一个乡或镇偶然会包括两个有市场的村庄,一个市场都没有的情况极少,这两种情况都是例外。"①

我把四川盆地大部分地区出现的这种鲜明的吻合而长久的一致性,归之于这一地区聚居型村庄的缺乏和由此而来的集镇的突出地位。在四川,没有一个行政官员可以忽视集镇的意义,集镇在任何情况下都是乡镇政府驻地唯一可能的地址。所以,在四川盆地,知道了每个县的乡镇、人口和平方公里数,就可以对基层市场区域的规模和分布作出可靠的分析。

当把 1948 年四川盆地② 156 个县的资料③按前述山东各县1911 年的方式排列时,可以立即清楚地看到,按照人口密度和乡镇面积的关系,四川盆地分成了两个地区。一个由长江及其巨大支流下游两岸的 68 个县组成,这些县的分布(表 3)显示出明显不同于其余 88 个县的分布(表 4)。前一组县可以称之为中央河谷地带,在图 8 中用深色阴影表示,盆地其余部分则用浅色阴影表示。除了成都平原异乎寻常的肥沃(在中央河谷地带没有任何类似区域可与之相比),从整体看,没有任何地形、土地生产力或气候方面的原因可以用来说明两个地带分布的差异。当人口密

---

① *China on the Eve of Communist Takeover* (New York, 1963), p. 122.

② 为方便分析,四川盆地的界限如图 8 所示。所包括的县没有一个不是全部或大部分位于西起屏山(川滇交界处)沿江而下到云阳(在长江河谷中)的长江流域盆地中。流域盆地西部和西北部规定如下:不包括本质上是非农耕区域的大片区域,盆地内的县位于四川、西康和甘肃省,南面,只有乌江流域盆地的北部包括在内,其余部分则被认为属于通常称之为云贵高原的地理区域。(尽管地理学家们对四川盆地的南部边界没有一致意见,但所有人都让它穿过乌江流域盆地面不是划在后者的南部边界上。)所以,按照这里的规定,四川盆地包含了云南的 3 个县、贵州 18 个、湖北和陕西各 2 个、甘肃 4 个,再加上四川的 127 个县。

③ 官蔚蓝:第 24、30—36、57—58、64—68、95、100—101 页。

度不变时,这些自然特征方面的局部变化实质上是受抑制的,当然,成都平原上 10 个例外的县(那些人口密度超过每平方公里 460 人的县)可以——出于比较目的——与其他县分离开来。即使如此,如表 5 所综括,中央河谷地带的乡镇,在每一个同级密度组中,面积和人口两方面都小于四川盆地其余部分的乡镇,这是为什么?

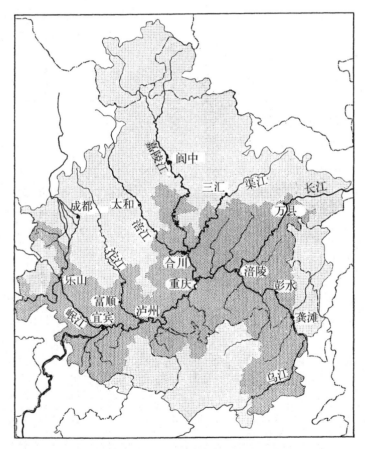

图 8 四川盆地示意图,1948 年,标出成都及较大的内河港口
盆地用浅色阴影或深色阴影显示出不同区域:深色阴影表示的是盆地属中央河谷地带的部分。

表 3　乡镇平均面积,按各县人口密度分组,四川盆地中央河谷地带,1948 年

乡镇平均面积（平方公里）	人口密度										合计
	—39	40—79	80—119	120—169	170—219	220—279	280—359	360—459	460—559	560—	
10—19											0
20—29			1				3	5			9
30—39				1	1	8	7				17
40—49				5	2	8	1				16
50—69			2	2	3	1					8
70—89		1	3								4
90—139		5	3								8
140—199	1	3									4
200—	2										2
合计	3	9	9	8	6	17	11	5	0	0	68

表 4　乡镇平均面积,按各县人口密度分组,四川盆地非中央河谷地带,1948 年

乡镇平均面积（平方公里）	人口密度										合计
	—39	40—79	80—119	120—169	170—219	220—279	280—359	360—459	460—559	560—	
10—19									3	5	8
20—29							1	2	1		4
30—39							6	6	1		13
40—49					1	4	5				10
50—69			2	5	2	2					11
70—89			2	4	2	1					9
90—139		3	8	1							12
140—199		9	1								10
200—	10	1									11
合计	10	13	11	7	8	7	14	8	5	5	88

表5　集镇平均面积和人口,按各县人口密度分组。

四川,1948 年:中央河谷地带的县与盆地其余部分比较

密度分组	乡镇平均面积(平方公里)		乡镇平均人口	
	中央河谷地带	其他县	中央河谷地带	其他县
—39	227	303	5925	8562
40—79	124	168	6867	9652
80—119	68	103	6930	10052
120—169	49	75	7441	10681
170—219	47	55	8487	11087
220—279	41	52	10053	12720
280—359	34	41	10587	13538
360—459	26	33	10125	13343
460—559	—	23	—	11858
560—	—	15	—	928

　　首先要注意到,在盆地的两个地带中都未曾发生有意义的农村经济现代化。表3和表4的右下方都没有一个异常事例,这说明 1948 年的四川盆地中没有一个县的农业经济现代化达到这样的程度:其市场区域的平均面积大大超过它所处的密度等级所预示的面积。在这一方面,1948 年的四川农村远远落后于 1911 年的山东农村,以至于没有理由去考虑那些位于中央河谷地带之外的四川盆地其余部分的较大贸易体系,是现代化过程中集镇消亡所造成的可能性。

　　当我们转回来看我们的**传统**变化理论时,只有一种可能的解释:中央河谷地带的市场结构,与盆地其余部分比较,肯定处于密集循环的较高级阶段。我相信事实就是如此,并把差别主要归因于商业化的程度不同。长江上游,在四川盆地西部远至宜宾的江段都可通小轮船(见图 8)。长江上所有较大的港口加上它的主要支流的较大港口——岷江上的乐山、沱江上的富顺、嘉陵江的

合川和乌江的彭水——在 1948 年时轮船都已经通航几十年，而成都平原和中央河谷地带以北其他地方上游的港口充其量不过能通行帆船。然而，重要的是，把基层市场体系比较小的县和那些市场体系相对较大的县分开的那条线——把中央河谷地带与北部较远地方的县区分开来的线——穿越了长江北面所有支流的上游，比轮船无法通航的地点远得多。而且，在遥远的上游，有相当一部分超出了大帆船能航行的界限。[①] 由于四川盆地陆路交通缺乏任何可感知的现代化，看来只在那些中心地区有轮船通行的市场体系中才出现了有一定意义的商业化。因而，如同宁波的地带 B 一样，我们可以假设整个中央河谷地带在密集循环中处于加速阶段，在这一阶段，很多体系都处于适当时期，导致了大量新市场的出现。

如果这一分析正确，那么，图 8 中浅色阴影部分的市场体系在 1948 年一定极为符合它们的传统形式。[②] 适合于表 4 所概括的数据的回归曲线，[③]可以用来代表前现代时期全中国范围内基层市场体系面积和人口密度之间的关系。同样，中央河谷地带的

---

① 大帆船在嘉陵江可溯江而上直至阆川；在嘉陵江的两条支流，渠江和涪江上可分别上溯至三汇镇和太和镇。大帆船在乌江可溯江面上至龚滩，在沱江和岷江上，大帆船几乎不可能比小轮船能到达的地方更远，即是说，不会远过富顺和乐山。四川通航水路的资料引自张肖梅：《四川经济参考资料》（上海，1939 年），第 1—4 页。E. A. Afanas'evskil, *Sychuan'*: *Ekonomiko-Geografcheskii Ocherk* ［*Szechwan*: *An Economic-geographical Essay*］（Moscow, 1962), pp. 194 - 208. 译自 *Joint Publications Research Service*, No. 15308. *The Chinese Yearbook* 1944 - 45 (shanghai, 1946), pp. 728 - 729. T'ang Chen-hsu, "Water Resources Development of Post War China," *National Reconstruction Journal*, VI (1945), 88.

② 根据我 1949—1950 年收集到的资料，直接围绕在成都周围的市场的数量和分布，在整个民国期间看来都没有发生变化。例如，在图 3 所画的全部区域内，1911 年以来只建立了一个新市场。换句话说，1948 年成都地带 A 的商业化程度肯定比 1937 年宁波的地带 C 低很多。

③ 平均乡镇面积(y)对平均人口密度(x)的回归方程是：$y = 0.04x + 29 + 7790/x$。

回归曲线,即适合于表 3 概括的数据的回归曲线,[1]可以用来表达一个已经商业化,但还没有现代化的农业经济中,市场体系面积与人口密度之间的关系。由于这一地带的市场体系都比较小,回归曲线比盆地其余部分的曲线更接近于坐标的纵轴和横轴,并且由于 1948 年时,四川盆地的中央河谷地带比中国本土大部分地区商业化程度**更低**,我们应该把中国农区的回归曲线放在更接近坐标轴的位置上。

为了得到一条评价现代化程度的基线,我假设在 1948 年,中国农区各地的农业经济都已经商业化,但还没有一个市场关闭,按照这个假设情况绘出一条代表基层市场区域面积与人口密度之间关系的曲线。这条曲线根据 1948 年四川盆地中央河谷地带的数据**形成**,但把 1948 年那一地带中已知的几个商业化程度最高的县相关的点在坐标上标出来。[2] 然后,把中国农耕区域所有的县,共约 1790 个,按 1948 年的资料划分人口密度组,[3]并利用曲线上的读数计算出每个密度组的县,基层市场体系的数量以及它们的平均面积和平均人口。这些计算的结果是共约 6.3 万个农村基层市场体系——这个数字用来粗略估计 1890 年代现代化开始之前已存在的农村市场加上 1890 年代至 1948 年间建立的农村市场的和,它没有考虑市场的衰亡。

换句话说,这是一个根据故意错误的假设——在现代化过程中没有市场被消灭——设计的模型。之所以这样做,是为了(1) 取得对 1948 年已经部分商业化的基层市场体系——这是民国末年中国典型的市场体系——的规模和分布的估算;(2) 能够

---

[1] 对于中央河谷地带来说,y 对 x 的回归方程是:$y = 0.04x + 29 + 4900/x$。
[2] 即第三个回归方程位置更低。
[3] 全部数据均引自官蔚蓝著作。

把从经验中得来的已经现代化的实例与这个模型作比较，从而得到某种关于现代化发生程度的概念。第一个目标的估算结果已在表1中列出，我们这里以及后面第三部分所关注的正是第二个目标所导向的一些比较。

表6　1900—1948 年中国农区各种类型的市场及中心地总数的估计，以及 1948 年假定全部中间市场体系中 10%现代化引起的市场消亡数的估计

	假定已现代化的中间市场体系比例	
	无	10%
传统市场数[a]		
基层:农村	47000	42938
基层:城郊[b]	2200	924
中间	12660	12121
中心	3340	2572
合计	65200[c]	58555
传统中心地数		
基层集镇	47000	42938
中间集镇	12660	12121
中心集镇	3340	2572
地方与地区性城市	733	308
合计	63733[d]	57939
现代中心地数		
中间贸易中心		534
中心贸易中心		768
地方与地区性城市		425
合计	0	1727

　　a 不包括地方和地区性城市内的市场。

　　b 以每个城市 3 个估计。较大的传统城市典型情况下有 4 个市场为城郊人口服务，4 个主要的城门附近各 1 个。但较小的城市这类市场通常不足 4 个。

　　c 传统市场的合计数为 63000（农村市场数根据 1948 年中国农区等密度市场区域面积曲线算出）加 2200（城郊市场的估计数）。

　　d 传统中心地的合计数为 63000 加 773（高于中心集镇的中心地的估计数）。

由于缺乏除四川外任何省的可靠资料，我以所有相关的可利用的资料为依据，大胆估计，到 1948 年，农业经济现代化的进步极小，中国农村市场体系中只有 10％发展为现代贸易体系。如果把各种模型——空间的和数量的——按照没有现代化和有 10％现代化两种假设所应有的市场和中心地数目列出（表 6），就有可能看出这样一种现代化水平意味着什么。在第一栏中列出的 1948 年中国农区的市场和中心地的估计数，假定没有市场的消亡，我估计的 1948 年达到的现代化水平意味着约有 1700 个中心地已经现代化，包括大多数城市和大部分中心集镇。在农村现代化的全过程中，自 20 世纪初开始，约有 5300 个传统的基层市场——城郊的和农村的——衰亡，它们的所在地不再是经济中心地。

当共产党于 1949 年底实现了对整个大陆的解放时，按照上述估计，在中国农耕区域广袤的乡村里，仍有约 5.8 万个基层市场体系。

第三部分

本书的第一部分和第二部分对传统社会晚期和"过渡期"的农业中国市场体系做了扼要描述和初步分析。第三部分,即最后这一部分,揭示社会主义中国商品流通的方式与以前农村市场模式之间的关系,以及农村集体化在多大程度上与过去的自然体系特别是基层市场社区相一致。

一、社会主义中国的农村市场

甚至在土地改革完成之前,共产党政权即在中国的大部分地方建立了两种新的机构,一是国营贸易公司,二是供销合作社,准备通过它们逐渐使农村贸易社会主义化。完全属于国家并由政府商业部门所管理的贸易公司一般设立在城市和中心集镇。每家公司均有其经营专项,例如谷物、食用油、海产品、文化用品,为了买卖的需要,还在附近集镇设立了分公司。除了极少数的例外,国营贸易公司和私人商号之间通行自由竞争,这种状况一直延续到国营公司开始获得重要商品官方垄断权的 1953 年 11 月。到 1954 年底,国营公司已经合并了许多大的私营商行,控制了批发市场的大部分。①

供销合作社在共产党干部的指导下成立于全国各地集镇。在形式上,它们是自主联合体,并不隶属于国家机构,但是,它们的营运功能中包括为国有贸易公司收购土产和销售外来商品。在 1955 年期间,可以说合作社和国有公司一起至少已经掌握了农村市场零售商业的半数。② 到此时,基层市场上的店主和行商们在极大程度上依赖"社会主义商业"提供货源。③

1955—1956 年之间的冬天,供销社的干部们开展了一场把尚存于农村市场的 250 万—300 万个个体商贩中的大多数纳入"社会主义改造"道路的运动。他们鼓励小批发商和兼有批发零售双重功能的商店组成联号(个体合作)。大部分小商小贩被迫成为供销合作社的买卖代理商;在这种格局下,从前的私商把资本作为保证金寄放在合作社,在合作社的指导下代理经营。在某些情形下,农村的零售商把资金集中在一起,在统一管理下组成了合作商店。到 1956 年春,农村市场上只有不足 5% 的零售业务尚完全掌握在私人业主手中。④

不过,这些变化尽管很猛烈,但也不必想象它们加在一起导

---

① 《新华半月刊》第 91 期(1956 年 9 月 6 日),第 46 页。董育德(Audrey G. Donnithorne)在《中华人民共和国国内贸易的组织领域,尤指 1958—1960 年》一文中对国营贸易公司作了更为详细的论述,见"Organizational Aspects of the Internal Trade of the Chinese People's Republic, with Special Reference to 1958 - 60," *Symposium on Economic and Social Problems of the Far East*, ed. E. F. Szczepanik (Hong Kong, 1962), pp. 55 - 68.

② 天津《大公报》,1955 年 12 月 28 日。又见《伟大的十年》(北京,1960 年),第 40 页。

③ 一份官方材料是这样说的:"掌握了至关重要的批发业之后,国家就能够控制商品货源和稳定物价,它还造成了一种私人商业不得不向国家所有的社会主义商行进货的状况……"吴承明:《私营贸易的社会主义改造》,《人民中国》第 10 期(1956 年 5 月),第 12 页。

④ 尤见发表于天津《大公报》1956 年 1 月 21 日、1 月 29 日和 2 月 4 日的文章。又见吴承明:《私营贸易的社会主义改造》。

致了传统市场体系的崩溃。相反,各类市场仍然遵循着传统的程序,新的代理机构在一定程度上与私商并存。中心市场仍像过去那样发挥批发功能——当然,发挥这种功能的主要是国营贸易公司而不是私商。中间市场也有相似的功能延续性,尽管它们在商品集散中的中介角色现在大部分由供销合作社的代理商所充任。虽然出现了新体制,小商贩仍然在基层市场上转悠,农民生产者也仍然可以把产品直接卖给消费者。

就中心地区而言,湖北省的汉川县为我们提供了一个富有启发性的例子。[1] 根据地方志和其他资料,在20世纪40年代该县的51个集镇中,[2]可以确定有3个中心集镇和9—10个中间集镇。到1956年,该县已建立了12家国营贸易公司,值得注意的是,几乎每家公司在3个中心集镇的每一个都保留着行政职位或分号;其中5家公司仅仅在中心集镇拥有分号。与此相对照,现有的资料显示,1956年该县各种供销合作社的28家批发站中有25家位于中间集镇。另外,合作社在大多数基层市场上拥有收购站,在所有基层市场上有零售店。

不过,尽管存在着结构性的延续,早在1956年2月,社会主义改造的步伐已明显地加快了,至少在农村市场体系范围内是这样。几乎可以肯定,在激励问题未被充分注意的情况下,私商被迫加入了联营企业或合作商店。同样,国营公司和高级供销合作社领导人的缺乏经验似乎妨碍了用统一计划代替自由市场机制的努力。我们得知:"容易腐烂的产品没有及时购销";产品"在产

---

[1]《汉川县简志》(武汉,1959年4月)。
[2] 1951年,西邻沔阳县的部分地方划入汉川县。51个集镇是根据1951年汉川县裁并后的地域计算的。

地过剩，在市场上则短缺"。① "把主要注意力放到合作商店组织的结果"，是使部分农民必须"为买盒烟或打一二两酒而进城"。② 后来才接受了教训，认识到"需要小店小摊……继续分散营业，而不是集中起来，以便它们更好地为各地服务"。③

1956 年春，共产党报刊上发表了纠正农村市场位置不合理问题的两种意见，一种是"左"的主张，另一种是"右"的主张。"左"的主张④是像那时刚刚成立的高级农业社那样**在村子里**建立供销合作社的和/或某些国营贸易公司的分店。⑤ 持这一观点的人指出，在传统的体系之内，"农民们觉得买卖不方便，因此浪费了不少生产时间"。

> 过去，(江苏省)江宁县滨淮村的农民得到 15 里路外的土桥镇去赶集。来回 30 里的路程起码要花半天时间……现在已经避免了这种来回赶路的现象，因为村里已经办起了一家供销合作社的分店。

换句话说，正在失去机能的集市系统将通过把农村市场完整地吸纳进扩大了的官方结构，从而把基层市场的功能转移到成千上万个乡村合作社分店身上而被排除。普遍实行这一建议将会产生的困难是明显的。首先，它将使绝大多数基层市场体系的现有运输设备负荷超重；第二，它将不可避免地加剧已经在削弱国营公司和合作社权威的计划和调度问题。总之，在做了把分店设在村

---

① 潘静远：《为什么要开放自由市场？》，《政治学习》第 11 期（1956 年 11 月 13 日），第
　　10—14 页。

② 《大公报》，1956 年 2 月 4 日。

③ 吴承明：《私营贸易的社会主义改造》，第 14 页。

④ 材料和引文均见张耀华：《为什么要调整农村商业网？》，《时事手册》第 9 期（1956
　　年 5 月 10 日）。

⑤ 在大多数情况下，高级农业社是以自然村为基础组织的。见下文。

里的某些尝试之后,这一方式因花费过大而被放弃。①

另一种解决办法,是通过放松控制和给予市场机制更大自由的途径来克服现存系统(一度出现)的功能衰退现象。这样,放松了自 1953 年末以后加剧的对农村市场的限制,社会主义改造运动基本完成——以期达到农村生产和城乡贸易都得到复兴的效果。② 但在同时,农村集镇上更为自由的市场导致了城市中黑市的出现,政府发现必须加以调控,以保护其"统一和有计划的收购"方案,也就是国营部门的垄断权。在整个 1957 年期间和 1958 年上半年,当局都在寻求既能立即支撑农村流通体系又能抑制"从农民的交易活动中再度产生的自发的资本主义势力"的最理想的市场调节水平。③

到 1958 年夏季,农村市场体系在现代化方面取得了哪些进展?我想用前面介绍过的各个变项来对比 10 年之前的状况,从而得出这一问题的答案。

在交通现代化领域,进步是显著的。新修筑了几千公里铁路线,其中不少线路穿越了以前从未有过现代交通的地区;在疏浚内河水道以适应汽船交通方面也取得了相当的进步。④ 据估计,1958 年中国铁路网的运输能力是 1860 亿吨公里,而 1952 年只

---

① 关于更早的"左"倾政策,见潘静远 1956 年 11 月发表的文章(上页注①),它指出"国营商业组织和供销合作社必须建立分店,那……将使费用的提高不可避免"。
② 见 1956 年 10 月 24 日的国务院指示,《人民日报》1956 年 10 月 25 日。
③ 潘静远:《自由市场上两条道路的斗争》,《新建设》,第 3 期(1958 年 3 月 13 日),第 21—28 页(应为第 17—20 页——译者注)。
④ "Transport," *CNA*, No. 213(24 Jan. 1958);Bernhard Grossman, "The Background of Communist China's Transport Policy," *Symposium on Economic and Social Problems of the Far East* (Hong Kong, 1962), pp. 46‑54. 关于四川汽船航运的扩展,见 E. A. Afanas'evskil,第 313—318 页。

有 602 亿吨公里。① 1958 年内河及沿海现代航运业达到的运输量为 379 亿吨公里，而 1952 年仅 86 亿吨公里。公路也有了改善和延伸：可以通行卡车的公路里程 1957 年 11 月为 22.7 万公里，约等于 1949 年前最高数量的两倍。② （不过，由于车辆的缺乏，1958 年卡车运输的吨公里数仅为 53 亿。）

中国现代交通网的扩展意味着，到 1958 年时，它的所有城市、大部分中心集镇，以及相当比例的中间集镇事实上都被高效的交通与工业城市联结到了一起。③ 农业和农民消费方面商业化的巨大进展从而有了可能。在另一方面，1949—1958 年的 10 年中，中间市场和基层市场体系**内部**的交通效率却几乎没有什么进步，另外，这 10 年的部分时间中，农业经济的商品化显然由于生活资料流通中外部的限制和内部的低效而受到了人为的阻碍。不过，为了全面考虑问题，我们应当把 1958 年和 1948 年做一个比较，如果以被排除的基层市场的消亡和受惠于交通网扩展的高层次集镇的改造来衡量农业现代化的话，将会发现相当的进步。

而且，中国共产党执政初期进行的社会主义改造的独特形式对集镇现代化有直接的影响。供销合作社和国营贸易公司为中国的集镇增添了大量的常设贸易设施。1955—1956 年之间的冬

---

① 所有的吨公里估计数均据美国中央情报局编：*The Economy of Communist China*，1958 – 62（Washington, 1960），表 9。

② 1957 年的数字摘自 1957 年 11 月 20 日的《人民日报》，《伟大的十年》（北京，1960 年）第 144 页提供了下列中国公路总里程数字：1949 年 80 768 公里，1952 年 126 675 公里，1957 年 254 624 公里。据 1936 年 12 月的官方统计，当时中国的公路总里程为 109 749 公里；另有 16 165 公里正在建筑中。见《中国年鉴》（上海，1937 年），第 927 页。

③ 像 1949 年前那样，公路在适度增长畜拉人负运输效率方面的重要性大大超过使用汽车大幅度提高运输能力的重要性。1958 年中国公路的货运总吨位，只有1/4 弱（1.2 亿吨中的 2800 万吨）是由汽车运输的，同年在河南省，有 90%以上的公路货运是由畜拉车完成的。北京《大公报》，1959 年 4 月 8 日。

天进行的贸易集体化,甚至在 1957 年进行重新调整之后,还是减少了农村商业中行商的总数和比例。更进一步说,国营贸易公司的绝大多数比它们取而代之的私营商店规模更大,也更专业化,同样,1955—1956 年间建立起来的合作商店也是如此。所以,除了运输现代化和商业化的间接影响,共产党的政策导致了高层次集镇中经济专门化程度的提高和规模的扩大,同时降低了行商所占的比例。

为了估计 1958 年时中国农村市场体系现代化的程度,我分析了 1961 年出版的《湖南省志》提供的数据。① 这一宝贵材料提供了公社化前夕的 1958 年 7 月该省所有县的集镇数字。我的分析建立在到那时各乡已与市场体系相当一致这一假设之上;对共产党地方行政政策演变过程的简要回顾将显示,为什么我会觉得到 1958 年夏天已经达到了这种结合。

1951—1952 年期间,随着土地改革而来的是乡的规模的**缩小**,"以密切政府和群众的关系",以及适应"那时农村地区大量的个体小农户的客观需要"。② 随着农业合作化的强行推进,全国乡的数量有 3 年达到了近 22 万个。③ 然后,在 1955 年 12 月,国务院的一个指示要求对它们进行合并,指出小乡体系"不再适应农业合作化迅速发展带来的新局面",④这表明农业合作社的发展已经打破了乡界。到 1957 年初,乡的数目缩减到 10 万个,

---

① 《湖南省志》(长沙,1961 年)。

② 张鲤门:《中国行政区划变动的特点》,《政法研究》,第 5 期(1956 年 10 月 2 日)。

③ 一种资料说 1955 年中国大陆有 218 970 个乡。见"国防部情报局"编:《关于"匪区"行政区划演变经过之研究》等(台北,1956 年),第 21 页。1952—1955 年的共产党官方统计数在 21 万—22 万之间变动。

④ 该指示的全文发表于 1957 年的《人民手册》。英译文见 Roy Hofheinz, "Rural Administration in Communist China," *China Quarterly*, No. II (1962), p. 146.

1958年6月上旬，进一步减少到8万个，这时，合并的过程还在继续。①

在划定新合并的乡界时，行政领导被告诫要"注意自然状况……以及群众的生活习惯"。② 而且，1956年中期的划分标准制定了与基层市场体系平均规模十分接近的理想范围。乡中心到乡边界四至的平均距离从"山区和边远地区"的15里（8.6公里）到"丘陵地带"的10里（5.8公里），再到"平原"的5里（2.9公里）不等。* 乡人口在山区为2000—3000人，丘陵地带为5000—8000人，平原的数字还要大。这些数字与本书第一部分表1列出的基层市场体系规模估计数完全吻合。另外，干部们被告知，平原乡"如果人口密度大，交通状况又许可的话，可以包括2万左右的人口"，这样的地区是指农业经济已经现代化的大城市周围的肥沃平原。

乡的区划原来就和市场区域相适应，因而在1956—1958年之间**没有**发生合并的四川的实例强化了这样一种解释：其他地方的乡的合并旨在获得与其相似的行政系统和自然系统的一致性。③ 而且，中国共产党的计划者们面前不仅摆着"根据经济功能设置行政单位的苏维埃原则"，而且有贯彻这一原则的一个最新苏维埃实例：1954年，为了与此前实行的高级社的扩大相适应，村委会进行了合并。④ 简言之，实际上人们不得不作出这样

---

① 《人民日报》1958年6月25日。事实上，在1957年期间行政合并工作有过一个停顿，那时，党正式解答了关于鼓励越来越大的合作社是否明智之举的疑问。

② 《时事手册》第14期（1956年7月25日）。相应的文章以问答的形式出现在一家特别为领导干部和"积极分子"而创设的杂志上。本段落的所有引文均出自该资料。

* 原文如此。——译者注

③ 这一建立在本地人提供的资料基础之上的陈述，得到了1948年的乡镇数和1958年的乡社数实际上完全一致这一事实的支持（见下文）。

④ Hofheinz, pp. 143,146.

的假定：到合并高潮期的 1958 年 8 月，中国农村中绝大多数乡已与基层商业系统高度一致。

以湖南为例，这一假定始终得到当地资料提供人提供的证据的支持。我在下述假定之上分析了该省 1958 年的数据：该年年中，乡的数量与基层市场体系加上现代化的贸易系统的数量一致，换句话说，那时湖南的经济中心地与它的乡中心地存在一一对应关系。

标在图 9 上的从该省地方志资料计算出来的各县乡的平均区域和人口数量明显符合我预先提出的现代化模型。表 7 列出了大致的结果。在 5 个县中（见图 9 的 A 地带）——这些县位于湘江流域的中心，以湖南 4 个最大城市中的 3 个为核心，该省的交通中心也被包括在内——乡的平均人口超过 14000 人。围绕这一中心地带的 16 个县（B 地带）包括了湖南省最大的 7 个城市中余下的 4 个，还有 3 个重要的现代化交通中心，它们的乡平均人口约为 13300 人。C 地带由 22 个县组成，它的城市化程度较低，现代交通发展状况属于中等，它们的乡平均人口更小。D 地带的 29 个县离城市中心更远，现代交通很不发达，它们的乡人口平均少于 9000 人。最后，图上标着 E 的 14 个县坐落在边缘地区，基本上没有任何种类的现代交通线路通过，乡平均人口大大低于 7000 人。

应当指出，表 7 中间一栏各地带人口密度由 A 向 E 递减。不过，乡的平均规模的差异比只用人口密度可以说明的区别要显著得多。使用反映各地带商业化程度推定差别的回归方程，[1]我们可以得出每一地带的平均面积和人口，这一推论是建立在现代

① 见表 7 脚注 e。

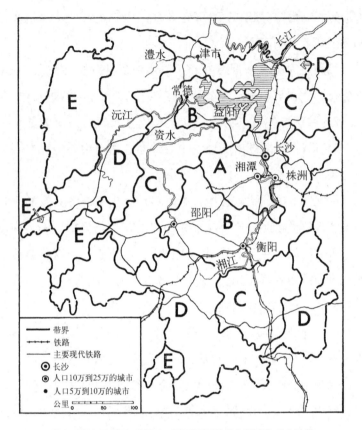

图 9　湖南示意图,1958 年,显示不同现代化程度的 5 个地带

化过程中没有市场被关闭这一假设之上的。当这些预期的平均数和实际数字加以比较时(见表 7 右边几栏),可以看到实际平均数占"预期"数字的比例从 E 地带到 A 地带稳步上升。A 地带的乡平均面积和人口超过"预期"数的 38％,而 D 地带只超过了"预期"数的 10％;就 E 地带而言,实际平均数还略少于"预期"数。关于地带布局的一切都表明,这些差别当归因于农业现代化的不同。

　　如果实际平均数和模型所预示的数字之间的差别,确实可以只用被排除的传统市场的不同消亡比例来解释的话,那么,到

1958 年夏已经现代化的中间市场体系的比例（见表 7 最右一栏）在 A、B 和 C 地带在 40%～45% 之间，D 地带约为 22%，而 E 地带则为零。就整个湖南农村而言，这一分析得出了 32% 的总比例。湖南很适合于我们的目的，它也许可以像任何单个省份一样作为农业中国整体的代表，如果有什么偏差的话，那就是在现代化的方面，我们从而可以估计出在共产党执政的头 10 年结束时，农业中国至少有 30% 的中间市场体系已经现代化了。[①] 从另一方面来说，在 1958 年 8 月初，中国农村尚留下约 4.8 万个未曾现代化的基层市场体系。

表 7　1958 年湖南农村农业现代化各地带乡平均规模

地带[a]	县数	面积（平方公里）	1958 年人口[b]	乡数[c]	人口密度[c]（每平方公里）	乡平均面积		乡平均人口		推定已经现代化的中间市场体系百分比
						预期[e]	实际	预期[e]	实际	
A	5	12059	3868000	273	321	31.5	44.2	10100	14168	44.6
B	16	38698	9567500	718	247	38.9	53.9	9606	13325	43.8
C	22	55820	10870100	869	195	47.3	64.2	9204	12508	41.8
D	29	75084	8022700	919	107	70.4	81.7	7519	8729	22.2

---

① 30% 以上这一估计数得到了 1959 年中国农村邮局和邮政所总数的间接支持——如果假定仍然在发挥经济中心地作用的每个集镇都有一个邮局或邮政所的话。根据 1959 年 9 月 21 日的《人民日报》（第 9 版），中国大陆 1959 年有 6.4 万个邮局和邮政所，其中 5.3 万个在农村地区。根据我的现代化模型，如果假定 30% 的中间市场体系已经现代化了，那么，除掉城市的农村中国所保留的经济中心地总数是 53 960 个，如果假定现代化中间市场体系的比例是 35%，那么经济中心地总数就是 51 760 个。由于某个数量——最大的可能是 1000 以下——的"农村"邮政所肯定不是设在农村，这些数字提示，中间市场体系的现代化比例更接近于 35% 而不是 30%。

续表

地带[a]	县数	面积（平方公里）	1958年人口[b]	乡数[c]	人口密度（每平方公里）	乡平均面积		乡平均人口		推定已经现代化的中间市场体系百分比
						预期[e]	实际	预期[e]	实际	
E	14	27735	2608000	394	94	78.6	70.4	7388	6619	0
总计	86	209396	34936300	3173[d]	167	52.6	66.0	8778	11010	32.1

资料来源：《湖南省志》，卷2，地理志，长沙：湖南人民出版社，1961年。

a 该省9个城市的面积和人口不包括在任何地带或湖南农村总数中。

b 官方年终统计数。

c 人民公社化前夕的年中乡镇数。

d 其中有2937个乡和236个镇。

e 平均人口密度(x)之上的乡平均面积(y)的总回归方程是 $y=Ax+B+C/x$。由于此处不宜对此方程作充分的讨论，下述纯描述性而非技术性的提示已经足够。A决定曲线的斜率，我们假定它在时间的推移过程中是恒定的；它的值（—0.045）是从1948年四川盆地的材料中推出的。B影响曲线的垂直位置，我们假定它作为整个农村人口的直接函数而上升；它的1948年的值（29）得自四川盆地的分析；所用的1958年的值（35）直接来源于1948年的数字和这两年农业中国农村人口的估算数：分别是4.6亿和5.55亿。C决定弯曲度或者说曲率，也影响曲线的垂直位置；它是代表商业化程度的恒量。1948年四川盆地商业化程度很低的地方C值为7790，而商业化的中央河谷地带为4900。就1958年的湖南而言，C值从A地带的3500之低到E地带的4500之高变动；从作为一个整体的湖南农村来说，得到的C值略小于4200。更高C值的确定将降低已经现代化的中间市场体系比例的估计数，而更低的C值则将提高这一估计数。不过，这些设定数在适当限度内的变化，对湖南作为一个整体的估计数的更改只有几个百分点。

随着对传统市场的一次重大政策左转，当局尝试了事实上不可能做到的事情。对于虽然已经取得了显著进步和相当商业化但大体上尚未现代化的农业经济，对于7/8以上的中心点是传统集市的农村市场网络，当局不仅仅是改造，不是逐渐去排除，不是慢慢去超越，而是试图**完全摒弃**农民市场的传统制度。作为该年八九月间波及中国大多数地方的公社化运动的一部分，供销合作社在每个公社之内合并成单独的一家，它

在国营商业的业务指导下，办理全社的产品销售和必需

品供应。供销部经营业务的基本方式是给国营商业代购代销……公社在完成了国家统购和统一收购任务以后所剩的产品,供销部可以在本社范围内出售……供销部应当在各大队建立分部,并且在比较偏远的地点设立若干门市部,做到普遍地便利群众……①

随着特许商业机构的建立,进行了结构性的重新安排,中国农村大多数地方的集市关闭了。延续了多少个世纪没有中断的在成千上万个市场循环的传统集市周期突然停顿,现在集镇的每一天都"冷冷清清"。

人们只能推测这一农民生活中代代相传的基本节奏的突然停止所引起的心理震动和社会剥夺,而在经济方面,它的结果简直是无可争议的:中国大部分地区周期性市场体系的废除很快使商品流通陷入近乎瘫痪的境地。1958 年 12 月初,湖北省鄂城县计委报告说:②

就目前情形来说,消费品远远不能满足人民的需要……纺织品供应短缺或枯竭。那些放在货架上的商品在花色品种上不适合需要……据日用品销售部门的统计,有 400 种商品缺货……47 类(副食品)的供应已经中断,其中 32 类已完全脱销。

更糟的是,县里没有采取任何行动解决该地对 3 万担化学肥料、8.8 万把镐、8800 条扁担以及大量其他生产资料和设备的需求问题。在山东五莲县,由于商品交换的中断,两个公社所生产的工

---

① 关于农村人民公社供销合作社的代表性文章,见 1958 年 9 月 4 日《人民日报》。
②《关于当前市场问题调查报告》,《计划经济》,第 12 期(1958 年 12 月)。

业纤维被当作燃料使用,而"像樱桃和杏这样的鲜果……由于运销设备组织的延误……而任其腐烂"。[①] 盲目追求规模经济的河北省商业部门,"派出 40 多名干部赴山东和湖北采购了 10500 头仔猪……由于路途远,数量大,以及管理不善,有 60% 以上在路上死亡或受伤"。[②] 这些例子——它们只不过是 1959 年期间在认识和克服导致市场失败原因的努力中列举出来的成千上万个例子中的样本——揭示了为完成取代周期性市场体系这一重大任务而在匆促中组成的公社供销社在设备、货源、技术及(或)经验方面的严重不足。

庙会——它的新名字叫"物资交流会",但实际上并没有多少差别——帮助农村大众渡过农活空闲的冬季。1959 年夏,尽管"大跃进"在一年前已经开始,随之而来的政策变换也业经阐明和布告大众,但越来越多的商品流通中断的证据迫使政府做出了痛苦的重新评估。8 月,《大公报》披露"农村集市"——该报把它作为一个"新的开端"来欢呼——已在某些省份出现。[③] 然后,9 月 23 日,国务院的一个指示[④]终于正式宣告了官方的退却:"农村集市贸易",国家告诉人们,"便于人民公社、生产队、社员之间进行商品的交换和调剂"。指示继续中肯地说,"同时也便于为商业部门开辟货源"。因此,供销社要组织好农村集市贸易,"沟通城乡物资交流……活跃农村经济"。该指示避免使用"恢复"和"重建"之类的字眼,但它确实指出了将制定新的市场计划,以适应"历史习惯"。

---

① 新华社,天津,1959 年 7 月 7 日。
② 李汝梅:《试谈公社贸易市场的作用》,《河北日报》,1959 年 8 月 3 日。
③ 北京《大公报》,1959 年 8 月 24 日。
④ 新华社,北京,1959 年 9 月 24 日。

　　从此开始了重建一年前被如此不负责任地废除的农村市场体系的漫长而艰巨的工作。这个过程的缓慢有许多原因。由于相信当时已经实现了"统一的社会主义经济"以及为了防止"自发的资本主义势力"出现,当局只允许市场在最严密的控制下重新开放。在市场复兴时,每个市场都建立了公社党委领导下的由公社各部门代表组成的委员会,以控制价格、参加人员及交易活动。① 上级花了几年的时间,才使一些市场管理委员会接受了以下思想灌输:商业本身并非罪恶;虽然几个月前已宣布公社自给,但这未必可取;农村市场有利于供应主流的畅通;把时间用在集镇上而不是用于生产,实际上符合社会主义原则。② 干部不应把农村集市视为暂时的权宜之计,这一点直到 1961 年中期方才明确。③

　　农村市场的恢复也受到了 1959—1961 年间严重困难的阻碍。由于农业生产和农村市场的相互紧密依赖关系,很难说清孰为原因孰为结果。1958—1959 年间对现存市场体系的摧毁必定削弱了抵御随后几年困难的经济能力,也无疑加剧了随之而来的经济萧条,但同样可以肯定的是,歉收年间农民的贫困(不说它是绝望的话)阻碍了先前被破坏的体系的恢复。农村市场体系的完全恢复最终有赖于农业生产的恢复。

　　导致农村市场体系恢复缓慢的第三类因素在于"大跃进"把

① 陈醒:《有领导有计划地开展农村集市贸易》,《人民日报》,1960 年 11 月 25 日。

② 迟至 1961 年 6 月,才对一个合并集期以减少生产时间浪费的例子进行了表扬性报道。辽宁省阜新县的泡子集,重开之后仍按传统逢 2、5、8 开集,为了保证生产时间,当局把农忙季节的集期改为逢 5、10。《人民日报》,1961 年 6 月 22 日。

③ "把举办农村集市看作一种临时措施……而随意开放和关闭它们是不对的。"管大同:《关于农村集市贸易》,《红旗》,第 18 期(1961 年 9 月 16 日),第 16—22 页。又见杨小仙:《加强组织领导,更好地开展农村集市贸易》,北京《大公报》,1961 年 1 月 13 日。

较高水平市场体系战略中心地的工厂资源的控制权留在了从事社会主义商业的干部手中这一事实。事后看来,证据很清楚,干部们——无论是政府商业部门的干部、国家贸易公司的干部,还是农村公社供销社的干部——往往缺乏训练,经验不足,既不能成功地解决调度问题,也不能对货栈码头进行合理的管理。而且,国家给予工业的优先权在很多情况下导致了资源分配的不当,以至于保留了许多落后的运输工具和重要设备。另外,还存在严重的士气不振问题:从事市场工作的干部们不仅患上了1960—1961年间普遍存在于农村干部中的焦虑症,而且,由于中国历来轻视商人和商业企业,他们还认为从事这一行业并不光彩。[①] 1962年4月的一份官方报告承认:"从1958年8月到1961年10月的三年中,储运业经营无条理……仓库管理较乱,运输效率不高,经营管理不善。"[②]

最后,为了说明1959—1961年间农村市场体系恢复中进展的微小,必须指出当时实践的基本缺陷。在第一部分,我们曾考察过行政和市场在连接方式上的不同之处。行政单位在整个系统中是离散的,每个下级单位只从属于上一级单位中的一个,而市场体系除了基层市场,其他级别的市场都是非离散的。我们还指出过(第一部分),行政中心地和经济中心地结合上的缺陷既不是可以避免的,也不是无足轻重的。由于这些理由,硬把自然市场体系的联网包括在互相分离的行政单位之中是不可能的。

然而,在1959—1961年期间,当时的计划者们显然在有意识

[①] 这最后一个问题到1964年时仍受到严重关切。见北京《大公报》,1964年8月29日的社论。

[②] 北京《大公报》,1962年4月14日。

地连贯地进行那样的尝试。随着农村市场的恢复,中国许多地方
的基层干部企图重新设计市场体系,以便使它与行政区划相一
致,他们特别热衷于让供销社在县城而不是在传统的高层次集镇
与国营公司做生意。① 这方面的典型事例之一是湖北省沔阳县
的西流河供销社。该地位于武汉以西约 100 公里处,两地有水路
直通,作为供销社总部的该集镇从属于武汉市的贸易系统,在这
个系统中,它的主要经济运行方向是东方,由此通向中心地区。
然而,"根据行政区划改变了进货关系"之后,"西流河供销社改向
沔阳城关各个国营公司进货"。县城在西流河以西,离武汉的距
离比西流河更远。这一把西流河纳入沔阳县中心市场体系的尝
试的代价,是把运输距离从 97 公里增加到 132 公里,再加上耽搁
2—10 天时间。②

　　这类错误做法也出现于省一级,我们可用与武汉有关的另一
个例子来说明。岳阳县位于湖南省的东北边,靠近湖北边界。
"岳阳的商人历来从武汉进货,这是一条自然的商品流转线路",
但是,为了紧跟把贸易限制在行政单位之内的政策,该县在许多
年中被迫与位于其南方的省会长沙的收购站和供应站打交道。③
这种把市场体系和行政单位结合起来的尝试一直坚持到 1962
年,给中国本来贫乏的运输和贮藏设备增加了巨大的额外负担。
从 1963 年辽宁锦州的一个调查中可以看出这个负担有多大。④
"过去,当按照行政地区进行商品买卖时",在一个包括 33 个基层

---

① 见 "The Movement of Goods," *CNA*, No. 462(29 March 1963), pp. 3 - 6.
②《人民日报》,1963 年 2 月 21 日。
③ 北京《大公报》,1963 年 1 月 12 日。
④《人民日报》,1963 年 2 月 21 日。

供销合作社的地区，货物运送的年总量达 48.51 万吨公里，而在自然经济系统恢复之后，年运送量降低到 27.72 万吨公里。

甚至在国务院开了绿灯一年或更长时间之后，许多中间市场尚未重开，这是恢复步伐的一个指征。例如，河北省定县的清风店是一个重要的中间市场，它直到 1960 年 12 月才重开。[①] 1961 年被描写过的其他中间市场在参加人数、交易量方面与 30 年前的对应项相比都大为逊色。让我用这一时期共产主义文学作品中描写过的显然一直位于中间集镇的两个集市来说明：山东沂源县的南麻镇和山西武乡县的蟠龙镇。[②] 据描述，前者 5 天一集，在一年的大部分时间中，每集的赶集人数为 500—600 人，在农闲季节，则可达 3000 人之多；后者集日的赶集人数从 1960 年秋天的 500 人上升到 1961 年春天的 1000 人。比较而言，孙家镇，山东邹平县这个规模不大的中间市场，1933 年夏忙季节每个集日有近 800 名商人和 8000 名顾客，它的集期是每旬 4 次。[③] 甚至像定县东亭那样规模最小的中间市场，1930 年前后平均每个集日的赶集人数也有 2000—3000 人。[④]

这些以及另外的一些例子表明，在 1961 年，农村市场尚未从 1958 年 8 月的破坏性后果中恢复过来。根据官方资料，1961 年夏天，运转中的农村集市是 4 万个，[⑤]这一数字反映了这样一个事实：许多预定重开的 1958 年以前存在的集市迄未重开，其原因或是地方干部的反对，或是强行按照行政单位进行贸易的政策削

[①] 北京《大公报》，1961 年 4 月 28 日。

[②] 北京《大公报》，1961 年 1 月 21 日、4 月 17 日。

[③] C. K. Yang, *A North China Local Market Economy*, p. 7.

[④] S. D. Gamble, *Ting Hsien*, p. 280.

[⑤] 北京《大公报》，1961 年 10 月 18 日，又见前引管大同文。

减了某些自然经济中心维持传统集市所需要的贸易量。① 当 1961 年中国农村集市数量上升的时候——根据我的现代化模型,它们达到了 4.5 万个左右的高峰——没有足够的根据可以断定前述发达地区中 1958 年前旧市场的恢复和新市场的建立,在什么程度上被已经恢复的基层市场的消亡所抵销,眼下又被农业现代化所排除。

1962—1964 年在政策和成就两方面都与 1959—1961 年形成了强烈的对照。更近期的所有资料都说明,虽然为时过晚,"大跃进"的教训至少被很好地吸取了——中央计划者和地方干部同样从过去的错误中汲取教训。我想概括一下这些年中在下述三个方面取得的进步:传统市场体系形式和结构的恢复,农村商人的社会主义化,以及运输的现代化。在这三个方面,中央计划者们考虑得相当精细,干部们则作了非同寻常的努力,使政策与他们所在地方的实际相适应。

直到 1962 年秋,政府才对任意切断传统贸易关系的损害正式给予关注,并发动了一次恢复这些关系的运动。9 月,《人民日报》坚持

> ……必须重新找到历史的、逻辑的供应关系。人们可能因为交通的便利或者仅仅因为习惯而喜欢某地的某些产品……这些情况目前依然存在……因此,必须对此加以研究,这些传统关系要重建,当然,不是彻底的重建,因为并非一切传统……在今天都合理。②

---

① 北京《大公报》1962 年 12 月 30 日的一篇社论回顾了过去一年的发展,提到了"随着农村集市的进一步恢复……"而来的贸易的增加。这一类的线索加上其他一些证据,使我们了解到 1958 年关闭的许多基层市场直到 1962 年才重新开放。
② 1962 年 9 月 17 日。

行政区划和"经济区域"是两件不同的事情,《大公报》明确指出了县和中心市场体系的区别,认为在货物供应上"经济区域"必须优先。[①] 1963 年 1 月颁布的政策,允许低层次集镇的合作社根据历史传统选择自己的供给中心。当时还提出了"供应超越行政区域"的新口号。[②]

1963 年,在新政策的执行中,地方干部们自觉或不自觉地在实际调查的坚实基础上行事。例如,江苏省就从实地调查入手。这一调查从 5 月持续到 10 月中旬,调查人员把注意力集中在生猪、新鲜蔬菜和食盐这三种主要商品上。这次调查的目的,一方面是确定商品流通的传统线路和模式,另一方面是决定当前的水运线路和交易方式。他们在一些集镇收集资料,还沿着商品的始发点到销售点进行考察。在掌握了有关农村贸易的真实情况之后,商业干部们就根据"合理的经济区域划分"来组织商品的分配和流通。[③]

这时使农村商人社会主义化的努力显得比较明智。事实已经证明,1955—1956 年间冬天勉强推行的运动对农村贸易具有一定破坏性,而且,其功效能维持多久也是一个问题。当时建立的许多合营商店后来解体了,至少一些曾作为供销社代理人而被纳入社会主义商业领域的小商小贩后来恢复了他们的独立身份。广东省阳江县儒洞圩基层市场的一个调查显示,[④]在 1961 年第三季度,市场上个人交易额达贸易总额的 2/3 以上。国营商业和

---

① 北京《大公报》,1963 年 1 月 12 日。

② *CNA*, No. 462, p. 6.

③ 北京《大公报》,1964 年 5 月 22 日。

④ 郭春龙、林瑞芳:《从新会阳江看供销社怎样扩大业务》,《人民日报》,1962 年 12 月 20 日。

供销社在交易额中所占比例不足 1/3，而合作商贩只占了微不足道的0.5％。此前在作为全国典型进行的一次运动中，几乎所有儒洞圩的私商都被纳入社会主义商业之中，完全私人性交易在总数中所占比例下降到 1/4。

随后在其他地方进行的农村商人社会主义化努力显然具有许多相对开明的特点。第一，新近社会主义化的小商小贩的实践经验被寻求，传统的做法经常被沿用而不是被嘲笑。山西省的沁县为我们提供了这方面的例子。该县位于山区，交通原始，大约有 1200 个小村庄。在 1949 年以前，小商小贩在各基层市场地区沿村叫卖。在许多年中，供销社不鼓励这类活动，直到进一步社会主义化的 1963 年初，才由供销社的"店员"重新开展传统的沿村叫卖活动。[①] 第二，自觉地提高商业干部的威望，增强供销社和国家贸易公司职工的职业自豪感。1964 年秋，在"克服轻商思想"的口号下开展了与经商不光彩的传统观念作斗争的运动。[②]最后，新的宣传把重点放在赢得农民的赞同而不是强迫他们习惯上。1964 年 12 月 2 日的《大公报》对这种做法进行了引证：过去，吉林省蛟河县黄松甸供销社在对农民出卖的土货的等级评定上存在低估的现象。供销社领导对职工进行教育，说这实质上是一种反动的资本主义经营思想的反映，并引导他们树立既当供销社的服务员，又当人民的服务员的正确思想。现在，"遇到社员送来的药材或其他山货里面有杂质，收购员就主动帮助挑选出来，使之卖上好价钱"。[③]

---

① "山西沁县 80％的供销社店员挑起货担到农村销售"，新华社，太原，1964 年 1 月 16 日。
② 例子见 1964 年 8 月 29 日和 9 月 18 日的北京《大公报》社论。
③ 北京《大公报》。

就运输而言，过去三年在公路及内河航线的扩展方面取得了显著的进展。到 1964 年 6 月，两个西南省份四川和贵州完成了一项筑路计划，它几乎把这两省的每一个县都纳入了公路网。①而且，四川建造了一个重要的大坝，这大大便利了渠江的航运；在贵州，一个庞大的疏浚工程使可通航的水道伸展到 3.5 万公里以上，乌江上游能通行拖船。② 这些发展表明，即使是在很偏远很"落后"的省份，所有中心集镇（当然，也包括很多低层次集镇）事实上都被现代交通与工业中心联结到了一起。基础较好地区的进步几乎同样令人印象深刻。例如广东的公路网，1964 年 8 月公路总里程为近 3.2 万公里，把该省 85％以上的农村公社联结了起来；③这些数字表明，在广东，现代交通为绝大多数低于中间集镇水平的中心地提供了服务。

特别有意义的是，1962—1964 年期间，政府对于地方层级的运输设施比以前更加注重了。

目前，修筑道路的主要目标是开辟通往村庄的商业线路，以便利土产的运输，这是对农业的优先政策的一部分。省政府正在修建更好的道路，但它们中的大多数是由地方发起修建的。它们一般不适宜机动车行驶；在较好的路上可通行马车和牛车；在另一些路上……可由人力推拉手推车

---

① 四川省极西部的 8 个县是个例外，该地区不属于农耕区域。在四川，完成的公路总长度为 3.5 万公里。"四川省新建公路"，新华社英文电，成都，1964 年 6 月 4 日；"中国西南部多山省份筑起公路网"，新华社英文电，贵阳，1964 年 6 月 7 日；《人民日报》，1964 年 6 月 9 日。

② "Growth of Shipping in Communist China," *URS*, XXXV, No. 14(19 May 1964)；"中国西南运输业的进步"，新华社英文电，贵阳，1963 年 11 月 22 日。

③ 曾铁谦（音）：《广东公路运输十五年》，新华社，广州，1964 年 8 月 14 日。

和手拉车。①

还应该补充这样一个事实：胶皮独轮车、改良大车以及自行车大批地为农民生产出来，它们行驶在新公路和较好的乡村道路上。②"在集日"，有位热情的作家在重返故乡后写道，"毫不夸张地说，路上满是自行车……"，他们的"货篮……装满了采购来的……日用品"。③ 有理由相信，1964 年时，相当大比例的基层市场和中间市场体系**内部**的运输能力也在稳定发展着，就像它们的中心与高水平中心地之间那样。最近发表的文章还使我们相信，中央计划者们非常清楚这一地方交通事业进步对农业生产、农业的商业化以及长远的农业现代化所具有的意义。④

因此，必须设想，到 1964 年时，基层市场正在被大量排除。有篇专论农村市场的学术论文指出，1962 年，与传统的"旧自由市场"相对照的集市在大多数地方只限于"县城和县城以下的集镇"。⑤ 这篇文章的作者显然认识到，现代化不仅排除了最高水平的中心地（城市和一些中心集镇）的集市，也排除了中心地等级另一端的小镇的集市。1964 年发表的一篇文章敦促，在"经济发展地区和经济落后地方，在有农村市场的地区和**没有农村市场的地区**"采用一种特别的制度，⑥这就暗示在相当多的县份中农业现代化已引起了传统市场的消亡。我自己的估计是，就 1964 年

---

① 《人民日报》，1963 年 6 月 11 日。

② "Village Transport," *CNA*, No. 147(20 April 1962).

③ 侯炎培(音)：《农民有了自行车》，《新建设》12 卷，第 8 期(1963 年 8 月)，第 17 页。

④ 例子见张务栋和杨冠雄文章《运输对农业生产发展的作用》，《人民日报》，1964 年 6 月 6 日。

⑤ 贺政、纬文：《论农村集市贸易》，《经济研究》，第 4 期(1962 年 4 月 17 日)，第 14 页。

⑥ 北京《大公报》，1964 年 1 月 2 日。着重号为引者所加。（这种特别的制度即举办物资交流会。——译者注）

底计算,中国过去的中间市场体系中,至少有 40%,也可能多达 45% 的现代化地区没有集市。如果这一判断正确,那么在当时,除了 6500—7300 个现代贸易中心,中国农村必定维持着 4.2 万—4.5 万个传统集市。

得到这样一个现代化的水平之后,发现为研究留存的**传统**中国市场而设立的分析范畴仍那么有用,是十分令人惊讶的。前现代化时代的中心地等级仍然存在,各类集镇所起的作用具有显著的延续性。为证明这一断言,我准备对当前市场作一概括描述,以此结束这一节。①

中国官方用语中的"基层供应点"在大多数情况下仍然是基层集镇。推定的 3.2 万—3.4 万个基层市场中的每一个都继续按照传统中国的秩序周期性地开集。② 像过去一样,农民们相互买卖自己的"副业"产品而不受什么限制。但在当前的基层市场上,生产组、生产队以及公社的代理人超过了家庭的代表。行商们仍像过去那样从这一集赶到那一集,但在 1964 年,他们的数量相对减少了,他们得由官方发给牌照,如果不是供销社代理人的话,也往往由供销社提供货源,他们的叫卖范围也被限制在特定的市场体系之内。当前基层市场上的常设商店中,最重要的是国营企业及供销社的零售店和采购站。(1958 年的公社"部门"在 1961 年恢复了独立身份。)③所有的事实都表明,在当前,实际上

---

① 我没有试图为下述概括提供完整的文件。它们建立在阅读 1963 年夏至 1964 年发表于中国出版物上的文章和其他人提供的证词之上。

② 只举一个例子:河北省定县的清风店在 1850 年的《定州志》中是一个重要集镇,其集期是逢二、七。该集市重开几个月之后,有家报纸介绍了这个集镇(北京《大公报》,1961 年 4 月 28 日),它说,1961 年时,该地集日包括 3 月 3 日、8 日、13 日、18 日以及 23 日。换算成阴历的话,这些日子就是正月十七、二十二、二十七和二月初二、初七。100 多年前的传统集市排期仍在延续。

③ *URS*, XXXII, No. 21(10 Sept. 1963), 379.

所有基层集镇都起着供销社总部的作用。

在当前的体制中,各种代理机构分担了中间集镇的汇集和供应功能以及中心集镇的趸售功能和批发功能。"一类"产品①,即由国家垄断的基本商品,包括主要谷物、食用油、棉花、烟草及糖,由地方生产出来以后,逐渐汇集到国营公司设在中间集镇的采购站,然后运送到它们设在中心集镇和城市的仓库。二类产品——置于"计划收购"之下的近 300 种商品——在其主要产地也由"国营商业"独家经营。供地方消费的一类和二类商品由国营贸易公司独家输入既定的贸易系统,它通过设在中心集镇的货栈,也通过供销社设在中心集镇和中间集镇的批发站来发送这些商品。这类受控商品——例如烟卷、茶叶、盐、铁钉——的零售市场,一是供销社自己设在集镇的商店,二是为它们代销的小商人。

最后,就不受控制的所谓三类商品——它们"在上市商品中占很大的比例"②——而言,其纵向销售部分地是通过国营商业之下的特殊类型货栈实现的,这类货栈"充当中间环节,承担贮藏、购买及出售这类商品的责任……它们的目的在于把商品从乡村引导到城市"。③ 三类商品的纵向销售也通过现在迅速涌现的被称为"物资交流会"的机构而得以完成。在集镇举行的往往与寺庙节日相联系的低级别物资交流会,发挥了在传统上与中间集

---

① 对于三类商品的详细说明,见 *URS*,XXXIII,340.

② 广州《南方日报》,1963 年 11 月 14 日。"三类农副产品是农民现金收入的重要来源,也增加了生产队的生产基金。这一来源的收入占农业总收入的 40％左右。"

③ "Commerce,1957 - 1962," *CNA*,No. 435(31 Aug. 1962),pp. 4 - 5. "引人注目的是,这些货栈像过去的私人商店那样,在报上做广告,宣布它们的业务范围以及它们代理的商品种类。"

镇相关联的作用。① 这类物资交易会的主要参加者是基层供销社和生产队的代表。它们发挥了"促进商品从批发渠道到零售商店的流通"的作用。②

1964 年初，《大公报》描述了有集市的小集镇与举办物资交流会的大集镇的区别。③ 这些区别人们并不陌生。由于农民"几乎没有机会"去远距离集镇或城市，因此，"他们迫切需要周期性地对他们开放的农村集市，这种集市不仅可以供应他们工业品，而且可以吸收……农副产品"。而正如传统的基层市场不可能为其农民消费者供应种类繁多的商品一样，在 1964 年，"农村地区基层供销社的零售店……不可能常年经营几千种商品……而不考虑农村顾客的购买力"。过去，当农民需要购买不那么常用的商品时，他们就去中间市场，而在 1964 年，"公社农民同样可以参加"在较大集镇不定期举行的物资交流会，它提供"相对完备的"商品，价钱也公道。

另一类物资交流"会"在县城以上的中心地举行，它们是专门为三类商品从相关城市贸易（或中心市场）系统中的一个单位向另一个单位的批发贸易而设置的。其参加者代表本系统内各集镇的供销社、国营货栈及采购供应站。根据目前的报道，它们的成就之一是重建了"传统的流通渠道"。④

最后应当指出，虽然有许多高层次中心地实现了现代化，但

---

① "解放后，这些庙会逐渐变成了物资交流会，以适应生产发展和人民生活的需要。"《人民日报》，1964 年 8 月 25 日。它依据的是《山西日报》1964 年 8 月 17 日的一篇报告。庙会一般每年举行一两次，物资交流会的举办则更为经常。
② 引文摘自北京《大公报》，1964 年 1 月 2 日。
③ 北京《大公报》，1964 年 1 月 2 日。
④ 北京《大公报》，1963 年 7 月 24 日。

是,当代中国仍保留着不少基本上没有现代化的中心集镇。[1] 位于广东东北部客家地区的五华县安流墟,在民国时期已经是一个重要的中心商业集镇。1963 年 4 月,[2]它被描述为:

> 一个较大的物资集散地……每墟赶集人数达一两万人……安流供销社货栈经常通过就地收购、内吞外吐、外吞内吐等办法,积极经营计划外物资。去年供销社代购代销产品就有七十一种。供销社还组织有牌照小商贩开展正当的购销业务。总计去年外销的竹农具达二十多万件,同时从外地购进猪苗八千多头、黄豆五千多斤。

报道中提到的供销社清楚地表明了其后革命叙述日期。不过同时,根据以上描述,1963 年的安流在结构和基本功能方面无疑仍然是传统模型中的中心集镇。

但是,不能错误地理解这些延续性的意义。中国共产党希望希望在 1958 年一下子达到的目的,仍然是通过许多年的现代化所要逐渐达成的目标。如果农村集市的继续存在像理论家们普遍认为的那样是"客观需要使然"的话,那么,当前的需要一定有了变化,因为公社已经建立起了新秩序的基础。[3]

不过就今天而言,中国大陆的农村市场明白无误地贴着传统和前现代习惯的标签。甚至在集市逐渐被取消的明天,其结构也不会是全新的。吸取了"大跃进"的教训之后——与遗传下来的

---

[1] 根据我的现代化模型,中间市场体系中有 40%~45%已经现代化了,基本上未现代化的中心集镇的数字,就中国农村总体而言,大约在 1300—1500 个之间。
[2] 广州《南方日报》,1963 年 4 月 26 日。
[3] 引文摘自姚宽(音):《中国的社会主义商业》,《北京周报》,第 8 期(1964 年 2 月 21 日),第 11 页。又见梁耀的文章《当前供销合作社的任务》,《新工商》,第 2 期(1964 年 2 月 18 日)。

系统相协调而不是与它对着干——中国共产党不仅增加了最终成功的机会，而且保证了基本形式和功能的永久性。

二、市场社区与农村人民公社

这里没有必要详细回顾自 1949 年开始的十年间中国农村向集体化方向迈进的总体过程。土地改革完成之后，紧接着是成立互助组，然后是初级农业生产合作社，再接着是"集体农庄"，由于其规模更大，因此往往被称为"高级"农业生产合作社。大量证据表明，当在合作组织本身所定的范围之内行得通的时候，这些先进的较大的集体便与现存的自然社会系统结合起来了。例如，在中国中等和较大的村庄里，初级农业生产合作社显然具有在固定的邻居之间组织起来的特点，[1]而除非村庄的规模过小，高级社在大多数情形下是按照自然村组成的。[2]

在集体化向高级社水平扩展的几年中——1958 年夏，全中国大约有 75 万个高级社[3]——正如前面所指出的，地方行政单位也在合并。我在前面已经列出了我认为到 1958 年夏末，中国农耕区域的乡已经接近或者倾向于接近自然市场体系的理由。由于共产党的计划者们做出了使最低级行政单位与最高级集体

---

[1] 计算的结果倾向于证实这种一致性。从文献记载看，一个自然村的户数一般是从 5 家到 75 家，而绝大多数在 20—40 家之间。共产党的资料说，初级农业合作社的平均户数是 32 家（《新华半月刊》，第 24 期，1956 年 12 月 21 日，第 63—65 页）。

[2] 下面的论述支持了这一论断。

[3] 到 1957 年 3 月，大约有 66.8 万个高级社已经建立了起来。Helen Yin and Yin Yi-chang, *Economic Statistics of Mainland China* (Cambridge, Mass., 1960), p. 38. 1958 年夏农业生产合作社数字是 74 万个，而公社建立于其上的高级社总数的回顾性数字是 75 万个。香港《大公报》，1964 年 9 月 17 日。

化单位相结合的决定(该决定于 1958 年 8 月公布),外界的观察者们就很容易认为,新建立的单位将与由农村市场赋予一定形态的自然系统相适应。党关于这个问题的第一个决定指出:"社的组织规模,就目前说,一般以一乡一社、两千户左右较为合适。"①

这样一种安排有其不可忽视的优点。很明显,集镇是其所属地区的行政管理自然场所:集市周期性地把全行政单位的家庭代表带到集镇,村庄领袖可以很方便地在集日向他们的行政上司讨教。基层市场区域的离散性以及它们对各种地形的囊括倾向,促进了它们与地域性行政单位的自然结合。而且,行政单位的大小必须符合普遍的人口密度,市场区域大小的不同大体上也是由此造成的。现代运输既便利了贸易,也便利了行政,发生在农业现代化领域中的市场体系规模的调整同样适合行政的需要。②

市场社区也证明自己是种种农村重构努力的合适单位。当为增进农民福利和农村社会现代化而设计的规划获得把集镇位置作为交通和服务设施的自然中心这一优势时,这些规划就能最有效地推行。正因为这样,中国的许多杰出社会学家为自然市场社区唱了许多年的赞歌。1934 年,乔启明概括道:"对于农村组织计划而言,集镇区域是最好的规模和单位。"③杨庆堃在 1944

---

① 《中共中央关于在农村建立人民公社问题的决议》,1958 年 8 月 29 日。它紧接着指出:"某些乡界辽阔、人烟稀少的地方,可以少于两千户,一乡数社。有的地方根据自然地形条件和生产发展的需要,也可以由数乡并为一乡,组成一社。"——或许,后者是指现代化的区域?

② 民国时期四川省的经验清楚地表明了每个集镇设立一个邮政所的优点。Li Mei-yun, *An Analysis of Social, Economic and Political Conditions in Peng-shan Hsien*. 1945, p. 288.

③ 《江宁县淳化镇乡村社会组织研究》,1934 年,第 44 页。

年的一篇论文的最后一段盛赞了集市——它"在发展群体行动中
具有众多可能的作用"，因此"实际上是周围村庄的一次群众集
会"。1945 年，杨懋春呼吁注意"集镇社区组织"对实现"乡村重
建规划目标"的非同寻常的适宜性。[①] 他建议农村学校系统与市
场社区相结合，并指出了在集镇集中进行职业教育和成人教育的
优点。就医疗设施而言，"如果（每个卫生站服务的）地区是传统
的集镇地区，那将很理想"，因为"农村人民早就习惯于在集镇求
医买药"。

杨懋春还富有说服力地论证了基层市场社区是合作生产的
理想单位。他出版于 1945 年的山东村庄人口论的总结性一章中
有以下观察：[②]

> 合作排灌、集体控制传染和疾病最好通过一个大社区的
> 联合力量来进行。而且，集镇区域对于农业推广工作十分理
> 想，集镇还可作为生产合作社的总部。

> 当中国的农业可能实现机械化之时，其模式……无疑将
> 类似于被大力鼓吹的集体农庄，它将在中心地建立机械和拖
> 拉机站，以服务于一组村庄。此站的自然和理想位置无疑就
> 是集镇，放大了说，集镇将逐步演变成劳力供应和农业救助
> 的中心……

> 农民销售合作社越大越好，因为只有大合作社才能提供
> 必需的业务量。不过，由于合作社的成功与否还取决于社区
> 利益，因此，基础单位也不能太大。一般而言，集镇社区差不

---

① 此段所引杨懋春的所有引文均出自 *A Chinese Village*，pp. 246 - 248。
② *A Chinese Village*，pp. 246 - 247. 段落经过重新排列。

多就是一个适当的规模。

> 如果农村劳力能够白天……在集镇的工厂上班，晚上回
> 到农村家中……那将是十分理想的。这样，小工业中心和一
> 些住宅或农业村庄就可以同存共处，一起构成理想的农村社
> 区……

那农村人民公社呢？杨懋春无疑会把它作为合适的单位来推荐。
我的建议也将是同样的，这一点几乎不必多说，虽然我的这一建
议的基础建立在无论就习惯、生态还是距离而言都远离山东的
地方。

不过事实上，在 1958 年的"大跃进"期间，共产党的计划者们
在基层市场社区之上大大地跃进了一步，人为地划分了增大近 3
倍的单位。1959 年的调整之后，高级社和乡的迅速合并产生了
约 2.4 万个公社，每个公社包括的农户数大大超过 5000 户。如
果共产党本来打算把农村人民公社建成经济和行政的一体化单
位的话，那么，这些数字显示，在 1958—1959 年，他们忽然想到了
与原来设想极不一致的系统规模。

当然，说他们"突然想到"了公社组织的特定水平，这未免对
一个重大问题下了过早的判断。把公社建得比基层市场体系更
大的决定也许经过深思熟虑，如果是这样，做出以下推测就不是
没有理由的：建立公社的目的之一在于限制和缩小传统社会关系
的有害的本位主义。在这方面，共产党的计划者们当然面临着一
个困境，其双重困难在高级社的形成过程中已经为人们所熟知。
当集体化单位建制与自然社会系统相一致时，其组织任务被大大
简化，因为传统的纽带可用以加强新单位的团结，但在同时，由于
这些纽带对于现代化组织的性质和目标不相适应，这一组织任务

又被复杂化了。另一方面，当集体化单位建制横切或包裹自然系统时，固然获得了超脱传统关系制约的优点，但很自然地又面临着加倍的严重缺点，尤其不仅需要从头开始建立组织力量和加强团结，而且要面对各部分自然群体的相互对抗的忠诚。有证据表明，由于受到第二重困难的抵触，1957 年共产党的干部们又转回到第一方面，到 1958 年夏，他们发现这重困难也令人痛苦地尖锐。且对早先经历作简要的回顾。

1956 年 9 月的有关指示[①]如果审慎地没有鼓励成立联村高级社的话，那也至少采取了宽容的态度。指示对某些顺利生产、紧密团结、成功管理的由几个村庄组成的合作社给予了赞赏性的关注，对高级社的规模作出了下述规定：山区约 100 户，丘陵地带约 200 户，平原约 300 户——这些数字大大超过了各地带的中国村庄的平均规模。但是，官方在发出该指示一年之后，却传达了一个重点全然不同的指示，对那些过于庞大、不便控制的高级社持不赞成态度，[②]其结论是"今后社的组织规模，一般应该以百户以上的村为单位"。[③] "根据一年多的经验看来，在多数的情况下，一村一社是比较适当的。"[④]"现在规模仍然过大而又没有办好的社，均应根据社员要求，适当分小。"[⑤]村际摩擦，尤其是在衡量不同村庄的消费水平时引起的村际摩擦，证明联村高级社的管

---

① 中共中央、国务院《关于加强农业生产合作社的生产领导和组织建设的指示》，新华社，北京，1956 年 9 月 12 日。
② 中共中央《关于整顿农业生产合作社的指示》，新华社，北京，1957 年 9 月 17 日。
③ 中共中央《关于做好农业合作社生产管理工作的指示》，新华社，北京，1957 年 9 月 15 日。
④《关于整顿农业生产合作社的指示》。
⑤《关于做好农业合作社生产管理工作的指示》。

理已经遇到了严重的困难。[①]

到 1958 年,中国农村的高级社可能多数已经和自然村相适应,[②]这导致了被一位分析者称为"复活的村庄本位主义"的结果:[③]

> 当共产党鼓励在……集中管理下……统一使用土地的时候,由于土地财产的集体化,他们无意中使宗族关系和村庄力量的关键性部分得到了复苏,而且,通过始终不懈地强调无产阶级集体,党的领导者们把义务强加给村庄,并有意识地恢复……已不复存在的村庄活动……例如全村会议……

另外,原先与地方化的宗族关系及历史悠久的村庄制度联系在一

---

① 1956 年的指示警告说:"根据现有经验,土地占有和收入悬殊太大以及生产经营对象基本不同的村庄,在目前一般不宜共组一社,因为这既不利于生产,也不利于团结……"1957 年关于改进生产管理的指示提到高级社内部的"分散主义、本位主义的倾向"。由于篇幅的关系,这里没有引述村际派性的证据,这方面的资料在 1957 年的期刊文献和对相关人士的访谈录中非常丰富。

② 关于中国农村的文献证明了小到只有 5 户大到可以有 500 户的村庄的确实存在,而大多数村庄的农户数在 50—200 户之间。传统时代后期和民国时期平均(中等)村庄规模大大低于 100 户,不过趋势是扩大的。根据我的一般模型,1958 年村庄本身的平均户数仍然不足 100,但村庄和基层集镇及中间集镇相加得到的平均户数则略多于 100。由于 1956—1957 年期间,低层次集镇的农户像村庄的农户那样被组织进了高级社,因此,后一个数字才是相关数。根据官方提供的资料,1958 年中期每个高级社的平均户数是 160 户(见《新华半月刊》,第 19 期,1959 年 10 月 12 日)。该统计表明,超过平均规模和正好处于平均水平的村庄在大多数情况下组成为一个高级社,而小于平均规模的村庄往往结合成联村单位。我的模式对中国农村村庄数及低层次集镇数的总估计——1958 年为 120 万个——与 75 万个高级社总数的比较,强化了这一结论。因此,说大多数村庄组成为一个单独的高级社也许并不那么真实,但是,1958 年的大多数高级社确实都由一个单独的自然村构成则是极为可能的。

③ John W. Lewis, "The Leadership Doctrine of the Chinese Communist Party: The Lesson of the People's Commune." *Asian Survey*, III, No. I0(Oct. 1963). 不幸的是,刘易士教授的评论中似乎认为集体化单位与村庄的一般性结合发生在 1950 年中期初级农业生产合作社组成之时。

起的功能获得了新的意义，它扩大了以传统本位主义为基础的领导权的范围。到 1958 年，虽然对美好社会主义，或者如果你愿意，也可以说宇宙普遍主义原理的宣传已历 10 年，但是，农民们仍借助**同乡**关系从当局寻求优惠，亲属关系（例如**同姓**）仍然会引导合作，而更理性的请求则往往失败，**同学**经常是比党员更可信赖的同志，在合作社和村子里，那些能操纵这些本位主义忠诚的本地干部往往比外来干部更有效能。如果这确实是 1958 年的状况，那么，只要运作单位还的确是自然的、传统的村庄和集市系统社区，有什么希望打破这种模式呢？只有大大地跨越农民的本位主义起作用的地域范围，才能把他解放出来参加社会主义建设。

此类考虑可能使共产党的计划者们把系统的规模设计得大于基层市场社区，但是很难说它们能解释在整个国家或在特别的地区公社平均规模的确切水平。关于这点，手头的材料提供了许多线索。首先应当指出，公社的平均规模在各地之间有极大的差距，这种对比在中国的农耕区域和北部、西部生产能力较弱区域之间尤为明显。各省的公社数表明，在 1959 年，中国非农耕区域的公社数不超过 2400 个，只占全国总数的 1/10。因此，在非农耕区域，每一公社的土地面积辽阔，大概超过 1800 平方公里。相反，在中国的农耕地区，大约有 21600 个公社，每一公社的平均面积不到 200 平方公里。[1] 因此，追求整个国家的公社平均规模显然会误入歧途，我的焦点只对准中国农耕区域。在进行这项工作时，回顾一下表 6（第二部分）展示的估计数是很有趣的，在该表中，我们得出的 1900—1948 年中国农耕区域农村和城郊的传统市场累计总数为 6.52 万个。1959 年中国农耕区域的公社数

---

① 详细数字和征引文献见表 8。

(2.16 万）几乎恰好是这一数字的 1/3,这一事实是否具有某种意义?

就此而言,环境提示了一种可能性(见第二部分)。就模型 B 而言,中间市场体系恰好相当于 3 个基层市场体系——高层次市场本身的基层市场区域加上 6 个从属的基层市场中每个市场区域的 1/3。第二部分的分析还使人回忆起,靠近城市的肥沃平原有利于模型 B 的集镇分布,一个模型 B 地域的农业现代化所产生的现代交通系统在范围上相当于传统的中间市场体系,即 3 个传统的基层市场体系。或许,公社的原型就是从集镇按照模型 B 分布的地区及农业现代化先进地区得出来的? 是不是把在这种环境中具有特殊意义的系统规模作为样板推广到了全国各地?

这一解释得到了一些证据的支持。首先,在组织人民公社中居于领先地位的省份——河南、辽宁以及河北,[①]都有特别优越的铁路运输条件,且比较现代化。而且,辽宁是中国最城市化的省份,河北及河南北部的城市化比例也远远超出全国平均水平。[②] 再者,可以相当肯定地说,在围绕开封、郑州、北京、天津和沈阳的肥沃平原上,市场的分布确实接近于模型 B。第二,大多数"模范公社",即在中国国内进行宣传的特别例子,位于具备现代运输条件的地区。[③] 第三,许多模范公社所报告的农户数,及

---

① 关于 1958—1959 年人民公社运动的一般论述,见 Cheng Chu-yüan, *The People's Communes* (Hong Kong, 1959); Anna Louise Strong, *The Rise of the Chinese People's Communes* (Peking, 1959); *An Analytical Study of the Chinese Communist's "People's Communes"* (Taipei, 1959).

② 参见 Morris B. Ullman, *Cities of Mainland China: 1953 and 1958*(Washington, D. C., 1961), p. 11 and enclosed map.

③ 我曾在大地图上找到这些模范公社之中的约 20 个,它们中的绝大多数正当或靠近铁路、公路和/或可通汽船的河流。在第一年中被宣传过的所有公社,事实上都坐落在从东北的辽宁到南方的广东这一由比较现代化的省份构成的狭长地带上。

有些公社报告的村庄数,如果把它们拿来和模型 B 的一个中间市场体系(4000—6500 个农户,48—60 个村庄)加以一一对照的话,可以看出两者是相符的。例如,河南清丰县六塔公社由 53 个村庄、5746 家农户组成。[1] 毛泽东访问过并在一本小册子中被大力宣传过的河南新乡县七里营公社,包括 6100 家农户。[2] 位于广汉线上韶关城郊的广东曲江县城西公社由 4625 家农户组成。[3] 云南省成立最早的公社之一上蒜公社,有 53 个村庄、6320 家农户。[4]

但事实上,这些例子并不足以代表所有的模范公社;在有相关资料可以利用的所有公社中,适应中间市场体系规模的尚未形成多数。而且,基层市场体系和公社的三对一比例不能通行于中国农耕区域的所有地区,这一点在下文将很清楚。在我看来,事情好像是这样:基本的公社策略最初是由在华北平原和东北平原南部的大城市办公的高级干部们制订出来的,这些高级干部还因此视察过普遍拥有现代化的模型 B 贸易系统的农村地区。但是,即使确实如此,这一情形与整个中国农耕区域的公社**平均**规模之间也显然并无因果关系。

不仅仅有许多被选作模范的公社在规模上突破了典型中间系统的上限;而且,有些模范公社显然与任何级别的可能的贸易系统都没有关系。让我再用几个特例来加以说明。河南省遂平县卫星公社——无疑是所有模范公社中宣传得最为广泛的一

---

[1] *An Analytical Study of the Chinese Communist's "People's Communes"* pp. 16 - 17。

[2] 孔祥贵:《在七里营人民公社》(北京,1959 年 2 月)。

[3] Chao Yu-li, "Spotlight on a People's Commune," *Peking Review*, No. 4(27 Jan. 1959), p. 14.

[4] 《迎接我省人民公社运动》(昆明,1958 年),第 43 页。

个——在 1958 年拥有 9369 家农户,占地面积近 200 平方公里,①远远超过该地中间市场体系所能包括的人口和面积的 3 倍。河北省宁津县红光公社,是联合 95 个村的 11294 个农户组成的,②在北京市范围之内建立起来的高碑店模范公社包括的村庄不下于 136 个。③ 最能展示这些超标准模范公社非自然状态的是河南省商城县超英公社,它的农户数超过 2 万户。④ 超英公社至少包括了 5 个基层市场体系,至少是两个中间市场体系的组成部分。这里的两个中间集镇一个位于由县城通往北边的大路上,另一个位于由县城通往东北方向的大路上,从公社的这一部分到达那一部分的最佳路线,很可能就是穿过县城。而县城是一个中心集镇,也是公社的两部分都从属于它的中心市场体系的中心,它和它的郊区一起构成了另一个公社。

当我们把目光从模范公社转向普通公社时,就公社规模而言,甚至出现了一个更为奇特的现象。在八个省和两个直辖市的郊区,乡的联合不仅超出了各与一个初级市场体系相对应(即与一个传统的基层市场体系,或与一个现代化的贸易系统相对应,那要看目前存在的是哪一个系统而定)的程度,它甚至超出了每一公社单独拥有一个**中间**市场或更高级别市场的程度。我们所论述的十个行政单位连接不断地由北方的辽宁伸展到南方的广东。1958 年 9 月底,每一个单位的农村公社平均规模都已超过

---

① 《河南日报》,1958 年 8 月 14 日;《财经研究》,第 6 期(1958 年 9 月 15 日)。

② 《人民日报》,1959 年 4 月 18 日。

③ 《高碑店人民公社调查》,《前线》,第 7 期(1959 年)。转载于《人民公社光芒万丈》(北京,1959 年),第 55—63 页。

④ 曾厚仁、冯兴华:《超英公社扩建的经验》,见《怎样办人民公社》(浙江,1958 年),第 38—42 页。这一资料所提供的详细情况,加上参考大比例地图,使我们可能对公社的构成做出合理正确的分析。

6000 户。这些单位一起构成表 8 中的东部"核心"省份，在这一带，我们可以看到，1959 年的调整使整个地区的公社平均规模达到 8000 户以上。

中国农耕区域东部"核心"地带的这些数字，加上几个庞大的模范公社的例子，①使我们产生了这样一个疑问：在某些情形下，在决定公社构成时，实行大型规模**本身**超出了更为理性的考虑。在这一点上，指出下面的事实是有意义的：1958 年秋，官方出版物迅速抛弃了有关公社规模的第一个官方陈述的警告。正如前面所指出的，8 月底发布的第一个党的决定认为仅由 2000 家农户组成的公社"较为合适"，也不排除一个乡建立好几个公社的可能性。它接着指出，"在目前也不要主动提倡"建立 1 万户以上的人民公社。② 但在 9 月初，《人民日报》上的相似陈述在指出几个乡可以结合为一个公社的同时，却没有提到由一个乡单独建立一个公社或许会太大的可能性。而且，据观察，对于"在某些情况下"所成立的公社包括 1 万个农户的例子，并没有做出要求停止建立这类庞大公社的警告。③ 9 月中旬，河南省委第一书记吴芝圃带着显而易见的骄傲口吻宣布，在**他的**省份，每一公社平均拥有 7500 家农户。④ 此后，报刊上再没有提及 2000 户这一理想规模，而拥有 7000—20000 户的模范公社越来越频繁地被引证。

---

① 关于这点，应当指出的是，位于显然未发生真正的农业现代化地区的少数几个模范公社，也同样规模超常。参见河北省遵化县建明公社的例子，该公社有 125 个村庄。刘易士教授根据官方资料对此进行了详细描述，见 John W. Lewis. *Leadership in Communist China* (Ithaca, 1963), pp. 204 - 211.
②《中共中央关于在农村建立人民公社问题的决议》。
③《高举人民公社的红旗前进》，《人民日报》，1958 年 9 月 3 日社论。
④ 吴芝圃：《由农业生产合作社到人民公社》，《红旗》，第 8 期(1958 年 9 月 16 日)。

表 8　农村人民分社分布和平均规模估计
1958 年秋和 1959 年秋

	农村公社数	农户数	每公社 （平均户数）	面积[b] （平方公里）	每公社 （平均面积）
A. 根据 1958 年 9 月 30 日资料得出的"完整"分布状况[a]					
东部"核心"省份[c]	10485	78668944	7503	1670200	159
中国农耕区域其他地方					
东北[d]	819	3261510	3982	429000	525
西北[e]	3610	9503407	2633	661900	183
四川[f]	4751	13641993	2871	309000	65
贵州	2322	3281700	1413	174000	75
云南[f]—广西	1405	6836394	4866	450400	321
福建—江西	2003	6854034	3422	287900	144
总计	14910	43379038	2909	2312200	155
中国非农耕区域	2502	4034765	1613	4537000	1741
中国大陆总计[g]	27879	126082747	4520	8339400	299
B. 1959 年 8 月的估计分布状况[h]					
东部"核心"省份[c]	9850	79140000	8035	1670200	170
中国农耕区域其他地方					
东北	700	3281000	4687	429000	613
西北	2750	9561000	3477	661900	241

续表

	农村公社数	农户数	每公社 (平均户数)	面积[b] (平方公里)	每公社 (平均面积)
四川	4300	13724000	3192	309000	72
贵州	1500	3301000	2201	174000	116
云南—广西	1150	6877000	5980	450400	392
福建—江西	1350	6895000	5107	287900	213
总计	11750	43639000	3731	2312200	197
中国非农耕区域	2400	4059000	1691	4357000	1815
中国大陆总计	24000	126838000	5285	8339400	347

a 本表以《统计工作》第 20 期(1958 年)第 23 页上发表的资料为依据。原始资料给出了 9 月底各省已成立的农村公社数、已经成立的公社所包括的农户总数,以及那些注定要成为公社成员的非城市家庭所占的比例。在 17 个省级单位中,该比例高达 100%;有 8 省级单位,这一比例是 92% 或更高,只有 3 个单位(新疆、宁夏,以及云南)的比例更低些。本表所给的农户数直接采自原表。对于尚有 8% 或更少的非城市人口未加入公社的 8 个省级单位,这里所给出的公社数是直接从原表推断出来的;对于新疆、宁夏和云南,其推断数则根据下面的事实进行过校正:农耕区域公社的组成倾向于比畜牧地带和其他非农耕地带要早。原表中的农户总数是 121 936 350 家,公社总数是 26 425 个。必须明确指出,在 1958—1959 年期间,中国从来没有存在过如上表推测总数(27 897)所示的那么多的公社,因为 1958 年夏所成立的公社在中国所有边远地区组成最后一批公社之前就已开始合并。

b 表中所用省级单位的面积据《中国行政单位分省地图册》(华盛顿,1959),第 4图。县级单位面积采用官蔚蓝编:《"中华民国"行政区划及土地人口统计表》(台北,1956 年),第 81 页,凡校正之处都已注明。所有市的中心地带和部分镇在 1958 年时尚未公社化,但后来被合并进城市公社。对于所涉及的无足轻重的地区,本表并不打算加以补整。

c 包括下列 10 个相互接邻的省份和 2 个直辖市,其从北到南的排列是:辽宁、河北、北京、山东、河南、江苏、上海、浙江、安徽、湖北、湖南和广东。

d 包括吉林省和黑龙江的那些属于农耕区域的县。

e 包括山西和陕西,再加上下列地区属于农耕区域的县级单位:内蒙古、宁夏、甘肃及青海。

f 包括那些属于农耕区域的县。

g 除去西藏。

h 地域单位的界定如表 A。在此期间,家庭数上升了 0.6%,每一地域单位所用的公社合并比例以 1959 年秋各省县关于公社数量的零星报告数为基础。全国范围内的 2.4 万个农村公社总数是由中共中央农村工作部于 1959 年 8 月发布的(新华社英文电,北京,1959 年 8 月 28 日)。

在进一步考察这些事实的含义之前,让我介绍一下湖南的例子,该省位于东部"核心"地带,有丰富的相应数据可供利用。在前一节中,我们鉴别并描述过 1958 年该省农村不同现代化程度的 5 个地带(见图 9)。表 9 依照相同的 5 个地带来排列湖南农村的资料,它对公社数量和平均规模与公社化前夕的乡数和平均规模作了一一对照。正如最右一栏所概括的,该表显示了一种非常特别的关系:越是人口稠密地区的乡,其合并的比例**越高**。在 E 地带,1958 年乡平均人口少于 7000(约 1500 家),一般只由两个乡合并成一个公社,而在 A 地带,乡平均人口在 1.4 万以上(约 3000 家),一般由三四个乡合并成一个公社。

表 9　1959 年湖南农村农业现代化各地带农村人民公社平均规模[a]

地带[b]	1958 年乡数	1959 年公社数[c]	乡平均面积(平方公里)	公社平均面积(平方公里)	乡平均人口	公社平均人口	乡对公社的比率
A	273	76	44	158	14168	50894	3.6
B	718	242	54	160	13325	39535	3.0
C	869	336	64	166	12508	32351	2.6
D	919	365	82	205	8729	21920	2.5
E	394	202	70	137	6619	12911	2.0
湖南农村	3173	1221	66	171	11010	28613	2.6

资料来源:《湖南省志》,1961 年。

a 作为计算平均数依据的各地带总面积及 1958 年总人口,来源于上文表 7。

b 9 个市的面积和人口不包括在任何地带或总计之内。

c 包括未被合并进农村人民公社的 33 个镇。建于市郊的 17 个农村人民公社不包括在表中。

如何解释这种独特的级数呢? 我们可以回忆起,从 E 地带到 A 地带,运输设备在量和质两方面都明显地逐带递增,总体上的农业现代化程度也多半逐带递增。明白了各带之间的这些差别之后，只需用一个假设就能解释我们的发现，即，参加影响各公社结构的决策的干部们处在这样一种压力之下：**在可能的情况下，把公社建得越大越好**。我们假定那时存在着干部得到的回报与他所负责的地区建立的公社规模成比例这样一种情况，那么，表9所展示的那种联系就可以理解了。地方官员们是不可能完全脱离现实的：一旦公社建成，**他们就要与它朝夕相伴**——要把它作为政府基层单位进行管理，要在它内部合理地重新组织生产，要发展中心设施以服务于整个公社。换句话说，参与决策的共产党干部们对于各地经济发展水平不同，尤其是各地运输设备不同所造成的界限，是不可能完全置之不顾的。那些在几乎没有现代运输线路通过和经济发展滞后地区（如湖南的 E 地带）任职的干部不得不寻求稳定，因此，合并的比例也较低，例如，约两个乡/基层市场区域合并成一个公社。而在另一端，在现代运输便利、农业现代化相对进步地区（如湖南的 A 地带和 B 地带）任职的干部却处在一种可以冒险进行高比率合并的位置，例如，把 3 个或 4 个乡——而且，它们中的许多相当于大的现代贸易区域——合并为一个公社。在上述任何一种情况以及在它们之间的各地带的任何一种情况下，干部们都决定了他们认为可连结成一个能够管理的单位中最大限度的系统规模。

干部们确实是在压力之下力求最大限度的公社规模的吗？毛泽东说过，①人民公社有两个突出的特点，"一是大，二是公"。在大多数公社开始组成的 1958 年初秋，中国的出版物把第一条作为衡量第二条的主要标准。初级生产合作社比互助组更大更

---

① 吴芝圃，《由农业生产合作社到人民公社》。

公；比初级农业社大 4 倍的高级社也就相应地更加先进；如果公社的组成不是比高级社大 10 倍而是比它大 30 倍的话，那么，其社会主义性也就要提高 3 倍。河北省委第一书记林铁写道："从商庄公社的例子来看，过渡到共产主义社会，并不是那么遥远的事。"①从什么当中可以看到这一点？从商庄公社由不少于 40 个高级社组成，总人口有 5.6 万这一事实——这是头等重要的事情，正如林铁所说——中可以看到。"我们的总路线不是要鼓足干劲吗？"吴芝圃在他那篇发表于《红旗》杂志上的著名文章中问道。"社大人多，发动起来，干劲就特别大……不是要多快好省吗？要多要快，就需要大量的劳动力……"②

总之，这就向处在第一线的干部暗示，公社的大小将作为衡量他是否成功地把自己负责的地区带上通往共产主义道路的标准。而且，他必须把公社建得很大，不然就得冒被怀疑为右倾分子的危险。

干部身上的这些压力当然来源于在 1958—1959 年期间牢牢掌握着控制权的党内"左派"，我将指出他们采取这一政策的一个可能原因。包括"大跃进"在内的整个激进规划，只有当全民族向共产主义终极目标迈进时才是合理的。也就是说，当农业经济真正实现了现代化，当农民具备了真正的社会主义"觉悟"，当他真正准备好观赏他的集体扩展的地平线，当他摆脱传统的本位主义转而赞成社会主义的普遍主义时，他，即农民，以及作为一个整体的国家，才为全方位的"大跃进"做好了准备。与党内"稳健派"意

---

① 林铁：《河北省的人民公社运动》，《红旗》，第 9 期（1958 年 10 月 1 日）。
② 吴芝圃，《由农业生产合作社到人民公社》。

见相对立的"左派"规划的论证依赖于对当前现实的乐观解释,党的"左派"领袖们也通过思想斗争随之倾向于乐观主义。这一乐观主义不仅被典范化,而且它最终被"大跃进"本身的尺度——集体化单位的规模——所证实。

在这一点上,我将用我听到的东部"核心"省份1959年秋天的情况以及我对此所作的解释来加以概括。首先应当假定,公社的规模以可预测的比率超过基层市场体系。在研究了湖南的例子之后,我认为这一比率是地方干部们一方面在上级的压力下尽量扩大公社规模,另一方面受到当地现实的限制而被迫做出协调的产物。从他们的做法来看,他们准备超越自然市场社区规模的行为也肯定基于超脱本位主义强大势力这一愿望。我想,他们的上级由于某些原因对令人乐观的公社规模具有一种过分夸张的想法。首先,可能由于那些负责制订公社化运动策略的高级干部——这些高官大多居住在现代化程度相对较高的华北平原——对农业现代化作了过高的估计,从而自然地产生了这样的想法。其次,我们可以猜测,他们与稳健规划的提议者的思想冲突,在国家如何朝着现代化的共产主义社会迈进问题上,导致了非理性的自卫的乐观主义,并鼓励了通过发布进步的**征兆**来为其政策辩护的企图。最后,他们的意识形态热情使他们能够相信,传统的农村集市在"大跃进"中将彻底消亡,而旧系统的崩溃将消除把集体化单位限制在基层市场社区所决定的范围之内的最后理由。

就中国农耕区域的其他地方而言(见表8),各地的公社平均规模都大大小于东部"核心"地区。一般说来,这些地方比已经建立起庞大公社的"核心"省份无论在人口密度上还是在现代化程度上都要低一些。这些地区也大多远离国家首都和其

省委走在公社化运动前列的河南。同样,处于东部"核心"地区
之外的中国农耕区域的一部分与另一部分在公社平均规模上
的差异,与人口密度及现代化的程度也不是没有联系的,但是,
光这几个因素不能解释中国西南数省之间的显著差别。党关
于人民公社的第一个决议指出,每一个省级单位都有责任建立
它自己的公社规模标准,①因此人们只能假设:不同的省委在政
治构成上的特殊性有助于解释云南和广西——在那里,公社的
组建一般包括几个基层市场区域——与它们的邻居贵州和四
川的反差。

　　无论如何,贵州和四川的数字表明,它们在1958年建立的公
社与基层市场社区非常一致。就贵州而言,我只能列举平均数来
继续讨论,但四川有更多的材料来进一步证实这种假设。根据
1958年的界定(有少数几个县属于非农耕区),四川省包括4586
个乡,与在集镇和乡中心之间有非常接近的——对应关系的
1948年相同。② 1958年,该省的公社总数约为4750个,因此,它
是以下推断的有力证据:该省所成立的公社在大多数情形下是
1949年前的乡的直接延续。成都平原的报道人报告说,低级行
政单位的连续性从民国时期到1958年公社化开始一直没有中
断。不过即使是在四川,在1959年的全国性调整中,也不能完全
避免大城市周围公社的最低限度的合并。③

---

① "公社的规模……将根据各省、自治区和直辖市的当地情况来决定……"
② 资料出自官蔚蓝,上引书。有8个属于农耕区域的县在1948年时是西康省的一部
　分,1958年时已被合并入四川。
③ 例如,位于成都市西北边成都平原上的郫县红光公社,据报告,1959年8月时拥有
　1.6万家农户。《人民日报》,1959年8月31日。转载于《人民公社光芒万丈》(北
　京,1959年),第10—13页。

无论人们怎样解释共产党计划者们在 1958—1959 年期间的政策和地方干部们的实践,他们的创造物农村人民公社,却不是一个取得了巨大成功的东西。我的分析的全部任务在于证明,公社在 1958—1961 年间面临的许多重大困难在相当大的程度上根源于在大多数情况下它们是被迫进入的那个大得怪诞的模子,尤其是根源于没有把新的单位与由农村贸易所形成的自然社会经济系统结合起来。早在 1959 年 2 月,对一个规模超常的公社所作的尖锐的批评性评论,就把建立在这一分析之上的该公社将要出现的困难作为一个严重问题提出来了。[①] 广东省东莞县虎门公社由不下于 82 个高级社合并而成;关于其构成的现有资料表明,它至少包括 5 个基层市场区域的大部分地方。报告中提出的重大问题中的首要问题,就是作者陶铸所称的"本位主义"。据说,在进行谷物检查时首先就碰到了这个问题。

> 譬如乌沙区李屋生产队打埋伏稻谷一万七千斤。据他们说,他们打埋伏的理由……万一公社管不起饭,自己队可以有饭吃……可以比别的生产队搞的好些。在财政问题上也有同样问题存在。据他们初步查出,资金打埋伏、公私不分、贪污的有一万二千多元。本位主义表现在副食品上也是比较突出的……譬如……他们把公社的大猪赶到食堂去,说是食堂的了。蔬菜也有这个问题。

陶铸指出,如果不克服本位主义,"那就很有把公社变为一个空架子的危险",他以此来强调问题的严重性。在调查所证实的产生

[①] 陶铸:《虎门公社调查报告》,《人民日报》,1959 年 2 月 25 日。我在引用时没有说明,在陶先生的报告中,用于赞扬虎门公社成就的篇幅与指出其缺点的一样多。我在此无意对它进行全面分析。

这一问题的诸种原因中,有一个是领导"在处理耕作区与耕作区之间、生产队与生产队之间的分配时,没有适当照顾彼此之间原有的差别"。

从报告中可以很清楚地看到,虎门公社的生产队大多数是与自然村相应的高级社的直接延续。但是,令人难以理解的"耕作区"的含义是什么呢?报告自始至终把它用来指处在队、村和公社本身之间的自然地域单位。这一术语在例如论述劳动组织问题的另一相关段落中被再次使用。1958 年组成的公社的一个基本特点,是建立了劳动分配的集中系统,而至少就虎门公社的例子来说,其效果很不理想。人们发现,劳力资源"调动"频繁,"杂乱无章"。而且,由于

> 有些群众思想觉悟还不是很高,因此窝工浪费以及有些群众劳动积极性不高的现象是存在的……公社与耕作区之间、耕作区与生产队之间,怎样才能既要订任务,包干负责,又要能使他们充分发挥本单位的积极性,是必须解决的问题。

在这个段落中,据我看来,作者是在说劳力的集中分配有时不仅使生产队要到其队员居住的自然村之外去劳动,而且要越过对他们有效的更大社区的范围去劳动。我们可以想象得到,超出农民社会知识和社区责任的范围而被指派到相邻的基层市场区域去工作,他们将会产生怎样的不满。[①] 如果作者是用"耕作区"来指——无论他自我意识到什么程度——基层市场社区,那么,他实际上是在说,公社的成功组织至少受到表现在两个层面的本位主义的阻挠,一个层面是基层市场社区,另一个层面是村庄。

---

① 参见 H. F. Schurmann, "Peking's Recognition of Crisis," *Problems of Communism*, X, No. 5(Sept.-Oct. 1961), 9.

我对 1959—1961 年间试验性的几年发展的解释,可以很简短地加以陈述。残存的"本位主义"首先妨碍,然后阻挠,最后打败了共产党干部们超出基层市场体系的范围组织集体化单位的努力。① 到 1960—1961 年间的冬季,共产党计划者们和干部们都对自然社会系统的持久意义重新给予关注,并开始寻求利用传统的团结来为其组织目标服务的途径。②

1961—1963 年在农村公社内部进行的重新调整是多方面的。迄今为止,学术性的分析主要集中在如何把原来由公社作为一个整体所承担的功能转移到各大队和小队身上的内部改组上,集中在对个人、家庭与小队、大队及公社的关系的重新界定上。③公社确实已经变成一个空架子的印象强烈起来,陶铸原来就对此

---

① 参见 John W. Lewis, "Leadership Doctrine," p. 463. "当巨大的公社在 1958 年出现的时候,它产生了公社干部控制不住的普遍的派性。更大的规模使公社干部们成为'外人',在加强村庄竞争的同时,它威胁着村庄的力量。"

② 当局打算在运用传统领导方式中走得多远,这一点可用被广为宣传的辽宁干部吕万良为例来说明。吕是四家子村人,1961 年被提拔为古城堡公社的副社长。1962年 6 月,由于民众的要求,他返村领导由本村组成的大队。他的调动得到同意,是为了抑制敌意和抵制在上一年中已经上升到惊人比例的外来干部。在证明把老干部调回其本地的正确性时,提出了下面这些理由:本地干部"更熟悉与社会关系和地理有关的当地情况……"他们不仅了解"当地每一种作物的情况",而且了解"村里每一个人的特点和个性"。因为,毕竟本村人都是亲戚朋友,这些优点是"从外地来的干部没有的"。见《生产队指名要求老基层干部回乡工作》,《辽宁日报》,1962年 6 月 19 日;转载于《人民日报》,1962 年 6 月 28 日。参见 John W. Lewis, "Leadership Doctrine," pp. 457 - 458。

③ 最近的总体性研究成果有下列这些:E. Zürcher, "The Chinese Communes," *Biidragen tot de Taal- , land- , en Volkenkunde* , CXVIII, I (1962), 68 - 90. Evan Luard, "The Chinese Communes," *Far Eastern Affairs* , No. 3(1963), 59 - 79. Henry J. Lethbridge, *The Peasant and the Communes* (Hong Kong, 1963). Gargi Dutt, "Some Problems of China's Rural Communes," *China Quarterly* , No. 16 (Oct. -Dec. 1963), 112 - 136. Anna Louise Strong, *The Rise of the Chinese People's Communes-and Six Years After* (Peking,1964).

提出过警告。① 这很可能就是把整顿局限于内部改组的结果。例如,重新把重点放在自然系统之后,做到下面这点是完全可行和非常合适的:把 1959 年建立的庞大公社转变为纯粹的行政单位,在公社内部从三个层次来组织生产——小队和邻居,大队和村,以及为适合基层市场体系而建立起来的新的中间单位。早在 1959 年,陶铸已经建议把他所称的耕作区作为管理和核算的独立级别并入公社结构之中。②

不过,事实上,被官方政策所采纳的并不是这一过程,而是它的更简单、更直接的替代物。一方面,公社受到了触动;另一方面,它们的非行政功能并没有被剥夺干净。③ 它们只是被**再分**了,试图以此解决内部团结问题。再分进程最迟在 1961 年 4 月已经开始,不过并没有公布。④ 1961 年 5 月发布的条例草案⑤第 5 条同意按照下列条件对公社规模进行调整:

> 人民公社各级的规模,都应该利于生产,利于经营管理,利于组织生活,利于团结,不宜过大……人民公社的规模,一般地应该相当于原来的乡或者大乡……

这就是说,公社要把规模缩小到与 1958 年的乡相符合,那时全国

---

① 参见 Cheng Chu-yüan,"The Changing Pattern of Rural Communes in Communist China," *Asian Survey*,Ⅰ,No. 9(Nov. 1961),9:"贯彻三级所有队为基础之后,公社真正地丧失了意义……如今,其首要功能是行使从前的乡的行政权力。""不过,为了维护政治权威,政府必须保留农村公社的标签……"

② 见《虎门公社调查报告》。

③ 农业生产分散之后,公社仍然不仅是区域行政的基本单位,而且是负责建设项目、银行和金融活动以及内部安全的主要单位。

④ 公社再划分的参考资料,见《工作通讯》,第 17 期(1961 年 4 月 25 日),第 3 页,和第 18 期(1961 年 4 月 30 日),第 3 页。对于这一秘密刊物性质的描写,见 *China Quarterly*,No. 18(April-June 1964),p. 67.

⑤ 《农村人民公社工作条例草案》,1961 年 5 月 12 日。

的乡数是 8 万个,我还论证过,那时中国农耕区域的乡是和自然市场体系相适应的。直到 1963 年 10 月,外部世界才获得了对公社规模调整幅度的一点官方表示。在发表于《古巴社会主义》杂志上的一篇文章中,中国农业部部长附带提到:"目前,中国有 7.4 万个以上的人民公社。"①那么,人民公社的平均规模比 1959 年缩小了三分之二。

回顾一下就可以看到,公社被再分为与基层市场体系(在现代化地区为中间贸易系统)相接近的单位,是与从 1959 年末开始,到 1960—1961 年之间的冬季才加紧进行的集市的恢复活动紧密联系在一起的。一旦某个市场恢复运行,它所处的镇在一般情况下就成了一个新的、较小的公社的中心。

位于广东省东北部山区的大埔县为公社的再分提供了一个有启发性的例子。该县大致相当于处在湖南省的 E 地带的县。公社化以前,大埔拥有 8 个集市,其中两个位于中间集镇:高陂镇和地区中心地本身,即人们所称的埔城镇。1958 年,全县只被划分为 5 个公社。它们中的 3 个,基本上各由两个基层市场体系组成,第四个公社以基层集镇中最大的一个为中心,与 1 个基层市场体系相一致。第五个也就是最大的那个公社以高陂镇为总部,它包括了其基层市场在南边县外的各个村庄。

不过,县内公社的这种分布几乎和集市的取缔一样短命。在 1960—1961 年间的冬天,出现了公社的第一次再划分,到 1961 年末,该县已经有 8 个公社,各以 8 个集镇中的 1 个为中心。最后,从中间集镇来管理的两个最大的公社进行了进一步的再分,

① 廖鲁言:《关于中国的集体化和农业》,《古巴社会主义》(1963 年 10 月),第 46 页。这篇文章的英文版随之发表于《北京周报》第 44 期(1963 年 11 月 1 日)。

埔城镇被分成两个较小的公社,高陂镇被分成 3 个。

这一最后的变化对我们解释全国公社总数为 7.4 万个提出了一个明显的警告。[1] 在有些地方,对原来庞大公社的再分仍超出每个公社拥有一个集镇的界限,有些地方则没有达到这个限度。总的说来,在居民稀少、交通不便、现代化水平较低的地区,一个市场区域内往往组成一个以上的公社。[2] 而相反的情况显然只发生在那些人口稠密、农业现代化进步的地方。[3] 广东作为一个整体来说,一定属于中国最现代化的省份之一,该省的公社平均只是一分为二:1958 年 9 月有 803 个人民公社,到 1963 年 4 月,这一数字增加为约 1600 个。[4]

看来,目前公社与市场体系并未达成完美结合既不是一个原则性问题,也不是深思熟虑的结果。现在,人们普遍把集体化单

---

[1] 就我所知,7.4 万这个农村公社总数自其第一次公布后便不加变动地被一再重复,最近的重复可见香港《大公报》,1964 年 9 月 17 日。

[2] 据安娜·路易斯·斯特朗(Anna Louise Strong)说,"通过把它们再划分为较小的单位而使公社数增加 3 倍的情况……大多数只限于少数民族居住的山区,在那里,交通困难,语言不通,使得较小的社乡更好一些"。斯特朗女士还指出,她在广州时被告知,广西——一个相对不发达的省份,也是农耕区域中唯一一个少数民族人口超过汉族的省——"有近 1 万"个公社。《评中国人民公社》,《中国来信》,第 16 期。转载于《北京周报》,第 24 期(1964 年 6 月 12 日),第 20 页。

[3] 不过,东部"核心"地区的所有地方不一定都避免了公社的再次划分。《工作通讯》第 18 期(1961 年 4 月 30 日)第 3 页上所提供的一个材料就很清楚地表示辽宁省正在进行公社的再次划分。1962 年的一份台湾地区情报中包括了一份广东省公社数的不完全名单,其数量比 1958 年的公社总数多出 235 个。"国防部情报局":《广东省地区情况调查专集》(台北,1962 年),第 109—131 页。因此,已知发生于边远地区的公社再划分在东部"核心"地区的两个现代化程度很高而分隔很远的省份也在同时进行。

[4] 1958 年的数字据《统计工作》,第 20 期(1958 年),第 23 页。最近的数字引自《南方日报》,1963 年 4 月 12 日。看来,安娜·路易斯·斯特朗 1964 年在广州得到的下述情况是错误的,她被告知,"在广东省,公社的数量和规模没有什么改变……"见 "Some Comments,",p. 20。

位和自然系统明确地联系起来。[1] 一位在 1963 年参观过几个人民公社的英国经济学家从她的中国主人那里得知,"小队、大队和公社的系统已被嫁接在农村生活的古老根基之上"。[2] 这样,对集体化也好,对市场也好,共产主义者们不得不接受既定的传统结构,不得不在它们呆滞的力量之上进行建设,不得不通过它们向着建成社会主义社会的机构努力。如果传统的中国村庄因此而以生产大队的形式被相对完整地带入现代世界,[3]那么,基层市场社区却以更为复杂的形式表现出它的持续性。因为,正如我在上文已加以申论的,在传统的市场社区限定了共产党为农村改革所选择的手段的同时,农村改革又不可避免地非常确实地反过来赋予它们以新的形式。

---

[1] 最近几年,相当于基层市场社区的公社被推举为模范。我们举山西朔县小平易公社为例来说明。它包括 20 个自然村,有 12000 人口,组成 18 个生产大队,92 个生产小队。见吴象、张长珍、姚文锦的文章(《收获季节访小平易公社》),《红旗》,第19 期(1963 年 10 月 1 日)。官方的《北京周报》最近登载的安娜·路易斯·斯特朗的一篇文章也指出,公社的分散"把生产和分配的责任集中在一个地方,即集中在原来的自然村这个大家都彼此认识的农村最古老、最稳定的单位上面"。见她的《评中国人民公社》,第 20 页。在该文和其他文章中,斯特朗女士一贯地认为与其让自然村与生产大队相结合,不如让它们与生产小队相结合。由于中国有 500 万个以上的生产小队,这一等式作为一个一般性建议显然是行不通的。生产小队数字引自《一年来"共匪"的农业》,《"匪情"研究》,第六卷,第 20 期(1963 年 12 月 31日),第 128 页。

[2] Joan Robinson, "A British Economist on Chinese Communes," *Eastern Horizon*, III (May 1964),7。

[3] 在这一点上应当指出,由一个以上村庄组成的生产大队在 1961—1963 年期间也进行了再划分。台湾地区的一个资料宣称,生产大队的总数从 50 万个上升到 70 万个以上。《一年来"共匪"的农业》,《"匪情"研究》,第 6 卷,第 20 期,第 128 页。

征引外文书目

A. Doak Barnett(鲍大可)，*Rural China: Imperial Control in the Nineteenth Century* (Seattle，1960).

Alexander Armstrong，*Shantung* (Shanghai，1891).

Anna Louise Strong(安娜·路易斯·斯特朗)，*The Rise of the Chinese People's Communes—and Six Years After* (Peking,1964).

Anna Louise Strong，"Some Comments on the Chinese People's Communes"，*Letters From China*，No. 16.

Arthur P. Wolf(武雅士)，1964 年 8 月 20 日的私人通信。

August Losch，*Die raumliche Ordnung der Wirtschaft* (Jena，1944).

Brian J. L. Berry，"City Size Distribution and Economic Development"，*Economic Development and Cultural Change*，IX (July 1961).

Brian J. L. Berry and Allen Pred，*Central Place Studies: A Bibliography of Theory and Applications* (Philadelphia,1961).

Chang Sen-dou(章生道)，"Some Aspects of the Urban Geography of the Chinese Hsien Capital"，*Annals of the Association of American Geographers*，LI (March 1961).

Chao Yu-li，"Spotlight on a People's Commune"，*Peking Review*，No. 4 (27 Jan. 1959).

Cheng Chu-yüan，*The People's Communes* (Hong Kong,1959).

Cheng Chu-yüan，"The Changing Pattern of Rural Communes in Communist China"，*Asian Survey*，I，No. 9(Nov. 1961).

Ch'ü T'ung-tsu(瞿同祖)，*Local Government in China under the Ch'ing* (Cambridge，Mass.,1962).

Cornelius Osgood，*Village Life in Old China* (New York,1963).

C. P. Fitzgerald，*The Tower of Five Glories* (London,1941).

C. Yang，H. B. Hau(杨端六、侯厚培) et al.，*Statistics of China's*

Foreign Trade during the Last Sixty-five Years (Shanghai, 1931).

E. A. Afanas'evskii, *Sychuan'*: *Ekonomiko-Geograficheskii Ocherk* [Szechwan: An Economic-geographical Essay](Moscow,1962).

E. F. Szczepanik ed, *Symposium on Economic and Social Problems of the Far East* (Hong Kong,1962).

Eric Wolf, "Aspects of Group Relations in a Complex Society: Mexico", *American Anthropologist*. LVIII (1956).

Evan Luard,"The Chinese Communes", *Far Eastern Affairs*, No. 3 (1963).

E. Zürcher, "The Chinese Communes", *Bijdragen tot de Taal-*, *Iand-*, *en Volkenkunde*, CXVIII, I (1962).

Fei Hsiao-t'ung (费孝通), *China's Gentry: Essays in Rural-Urban Relations* (Chicago, 1953).

Fei Hsiao-t'ung and Chang Chih-i (张之毅), *Earthbound China* (Chicago,1945).

Gargi Dutt, "Some Problems of China's Rural Communes", *China Quarterly*, No. 16(Oct. -Dec. 1963).

G. W. Skinner (施坚雅), "A Study in Miniature of Chinese population". *Population Studies*, V(Nov. 1951).

Helen Yin and Yin Yi-chang, *Economic Statistics of Mainland China* (Cambridge. Mass., 1960).

Henry J. Lethbridge, *The Peasant and the Communes* (Hong Kong, 1963).

H. F. Schurmann, "Peking's Recognition of Crisis", *Problems of Communism*, X, No. 5(Sept, -Oct, 1961).

Ho Ping-ti(何炳棣), *The Ladder of Success in Imperial China* (New York,1962).

Hsiao Kung-chuan(萧公权), *Rural China: Imperial Control in the Nineteenth Century* (Seattle, 1960).

Jacques Amyot, *The Chinese Community of Manila: A Study of Adaptation of Chinese Familism to the Philippine Environment* (Chicago, 1960).

James H. Stine,"Temporal Aspects of Tertiary Production Elements in Korea", *Urban Systems and Economic Behavior*, ed. Forrest R. Pitts (Eugene,1962).

Jean A. Pratt, "Immigration and Unilineal Descent Groups: A Study of Marriage in a Hakka Village in the New Territories, Hong Kong", *Eastern Anthropologist*, XIII (1960).

J. E. Spencer, "The Szechwan Village Fair", *Economic Geography*, XVI, No. 1(Jan. 1940),48 – 58.

J. Lossing Buck(卜凯), *China's Farm Economy* (Chicago,1930).

J. Lossing Buck, *Land Utilization in China*, Statistics (Nanking, 1937).

Joan Rohinson, "A British Economist on Chinese Communes", *Eastern Horizon*, Ⅲ (May 1964).

John K. Fairbank(费正清), Alexander Eckstein, and L. S. Yang, "Economic Change in Early Modern China: An Analytic Framework", *Economic Development and Cultural Change*, IX (October 1960).

Joseph Needham(李约瑟), *Science and Civilization in China* Ⅲ, (Cambridge,1958).

John W. Lewis, "The Leadership Doctrine of the Chinese Communist Party: The Lesson of the People's Commune", *Asian Survey*, Ⅲ, No. 10 (Oct. 1963).

John W. Lewis, *Leadership in Communist China* (Ithaca,1963).

Li Mei-yun, "An Analysis of Social, Economic and Political Conditions in Peng-shan Hsien, Szechwan, China, Looking toward Improvement of Educational Programs", unpublished dissertation in education, Cornell University,1945.

Liao T'ai-ch'u(廖泰初), "The Rape Markets on the Chengtu Plain", *Journal of Farm Economics*, XXVIII,No. 4(Nov. 1946).

Martin J. Beckmann, "City Hierarchies and the Distribution of City Size", *Economic Development and Cultural Change*, VI (April 1958).

Maurice Freedman, *Lineage Organization in Southeastern China* (London, 1958).

Milton T. Stauffer(司德敷),ed., *The Christian Occupation of China* (Shanghai, 1922).

Morris B. Ullman, *Cities of Mainland China: 1953 and 1958* (Washington, D. C., 1961).

Morton H. Fried, *Fabric of Chinese Society* (New York,1953).

P. H. Kent, *Railroad Enterprise in China* (London,1908).

Reginald F. Johnston(庄士敦)，*Lion and Dragon in Northern China* (New York, 1953).

Robert C. Forsyth(法思远) ed.，*Shantung, the Sacred Province of China* (Shanghai, 1912).

Robert Redfield，*Peasant Society and Culture* (Chicago, 1956).

Roy Hofheinz，"Rural Administration in Communist China"，*China Quarterly*，No. 11(1962).

Sidney D. Gamble，*Ting Hsien* (New York, 1954).

Sung Hok-p'ang(宋学鹏)，"Legends and Stories of the New Territories： Tai Po"，*Hong Kong Naturalist*，VI (May 1935).

T'ang Chen-hsu，"Water Resources Development of Post War China"，*National Reconstruction Journal*，VI (1945).

U. S. Central Intelligence Agency，comp.，*The Economy of Communist China*，*1958 - 1962* (Washington, 1960).

Walter Christaller，*Die zentralen Orte in Süddeutschland* (Jena： 1933).

Willem A. Grootaers(贺登崧)，"Temples and History of Wan-ch'uan (Chahar)，the Geographical Method Applied to Folk-lore"，*Monumenta*，XIII (1948).

Yang Ch'ing-k'un(杨庆堃) (C. K. Yang)，*A North China Local Market Economy*，mimeo. (New York： Institute of Pacific Relations, 1944).

Yang Mou-ch'un(杨懋春)(Martin Yang)，*A Chinese Village： T'ai-t'ou*，*Shantung Province* (New York, 1945).

Yao Kuan，"Socialist Commerce in China"，*Peking Review*，No. 8(21 Feb. 1964).

天野元之助，「農村の原始市場」、「農村市場の交易」，載『中国農業の諸問題 下』(東京，1953 年)，第 69—174 頁。

中国農村慣行調査刊行会編，『中国農村慣行調査』(東京，1952—1958 年)，共 6 卷。

加藤繁，「清代に於ける村鎮の定期市」，『東洋学報』第二十三卷第二号，1936 年 2 月，第 153—204 頁。

倉持徳一郎，「四川の場市」，『日本大学史学会研究彙報』(通号 1) 1957 年 12 月，第 2—32 頁。

増井經夫，「廣東の墟市—市場近代化に關する一考察—」，『東亜論叢』

第四辑,1941 年 5 月,第 263—283 页。

水野薫,『北支の農村』(北京,1941)

山根幸夫,「明清時代華北における定期市」,『史論』(8),1960 年 11 月,第 493—504 页。

译后记

　　《中国农村的市场和社会结构》*一书是施坚雅先生的代表作之一,原发表于《亚洲研究杂志》第 24 卷第 1—3 期。由于原书分三次连载,各部分前面都有一些专为刊物读者写的说明性文字,为了使全书体例完整统一,译者对这类文字作了适当删节,并对个别地方作了结构性的调整。小标题的序号亦为译者所加。本书翻译的分工是:第一、二部分,史建云译;第三部分,徐秀丽译。错译和失妥之处,敬祈读者予以指正。

史建云　徐秀丽

---

　*本书原名《中国农村的市场和社会结构》,此次再版,书名由出版社拟定为《寻找六边形:中国农村的市场和社会结构》。——译者注

修订再版后记

本书中译本 1998 年由中国社会科学出版社出版,至今已 26
年。施坚雅模式在经济学、社会学、历史学、人类学、民俗学等学
科都有着巨大的影响,尤其是其市场理论,几乎到了研究者无法
回避的程度。江苏人民出版社决定再版此书,无疑是对学术界的
一件大好事。同时,也给了我们一个修订失妥之处的机会,在此
向江苏人民出版社表示感谢。

此次修订主要的改动,是按照原书把尾注改为脚注,同时按
照学术规范,取消了外文书目的中译。但有些作者或是华人,或
是汉学家,有自己的中文姓名,为了方便读者,对这种情况做了
标注。

书中的日文资料、作者姓名和著作标题,原书是用英文音译
后,再加英文意译。初版时我们努力查出了作者和著作标题,但
使用的是汉字写法,此次承江苏人民出版社编辑康海源先生帮
助,还原为日文,一并致谢。

史建云　徐秀丽

附录　对施坚雅市场理论的若干思考

史建云

　　美国学者施坚雅的市场理论在中外学术界影响巨大,几乎到了凡研究中国市镇史、集市史者都无法回避的程度,然而,其与中国的实际情况存在差距又是一个十分明显的事实。因而形成了一个怪圈:研究市镇、集市的学者,几乎没有什么人全盘接受施坚雅的观点,甚至可以说,不少人以为,如果不对施氏理论批评上几句,就不够水平。但另一方面,这些批评实际上又没能摆脱施坚雅的影响,多多少少顺着施氏理论的模式走,其中一些批评对施氏理论缺乏真正的理解。

　　我尽管多年从事中国农村经济史研究,又是施坚雅《中国农村的市场和社会结构》的译者之一,[①]但在研究近代中国市镇问题时,在有意无意之间想要绕开施氏理论,就是因为自知无法解释这种理论抽象与实证研究的差异。最近,中国社会科学院近代史研究所的王庆成先生写了一篇《晚清华北的集市和集市圈》,[②]

---

① 史建云、徐秀丽译,中国社会科学出版社 1998 年版。为简便起见,本文凡引用此书时,仅在引文后括注页码,不加脚注。
② 王庆成:《晚清华北的集市和集市圈》,《近代史研究》2004 年第 4 期。下文提到王庆成先生的论述,都出自此文,不再一一注释。

运用丰富的华北地区史料，对近代华北地区农村集市问题做了精辟论述，同时对施坚雅的理论提出了质疑。就笔者看到的中国内地学者对施氏理论的批评而言，这篇文章可以说是极少数能够站在同等高度与施坚雅对话的论文之一。承王先生看重，把文章寄给笔者征求意见，我没能给这篇文章提出多少建议，反而是在阅读文章并反复重读施坚雅著作的过程中受到了很多启发，对施氏理论产生了一些新的想法。这些想法不是解读，不是批评，也谈不到质疑或商榷，只能说是对一些问题的思考。

（一）

施氏理论最受中国学者诟病的要数他的六边形市场区域理论。的确，在现实中我们很难找到正六边形的市场区域，而一个市场区域平均有 18 个村庄的说法更是大受非议。不少人认为，这一理论是施坚雅根据他对中国，特别是成都平原的研究推论出来的，有些人认为这个推理本身发生了错误，也有人认为，这一理论只适用于成都平原，施坚雅却要把它推广到全中国，因而产生了错误。还有一些人认为，施坚雅是把欧洲的模型移植到了中国。

我以为，这些看法或多或少都误解了施氏理论。施坚雅的这个六边形社区包含 18 个村庄的模型，并不是根据中国的史料推理出来的，甚至不是根据欧洲的情况推理出来的。它是一个抽象的纯粹数学模型。施坚雅实际上认为，理想的、标准的市场区域应该是圆形，但在一个地区布满了市场区域后，它们彼此挤压，既无重叠又无空隙时，就变成了蜂窝状，每一个市场区域被挤成了六边形。① 这样的一个市场区域,其村庄分布按几何学的原则,应该呈六角形排列,以集市为中心,第一个外环有 6 个村庄,第二环有 12 个村庄,以后每增加一个外环,都比前一个多 6 个村庄。从理论上讲,一个市场区域可以有一个外环,6 个村庄;两个外环,18 个村庄;三个外环,36 个村庄;四个外环,60 个村庄……而中国的经验数据证明,中国的情况是两环 18 个村庄(第 22—23 页)。

也就是说,施坚雅首先建立了一个几何学意义上的模型,这个模型可以说是一个先验的模型,施坚雅自己认为,它适用于世界上任何地区,无论是几何学还是经济学都不特别具有中国性(第 21 页)。以此类推,它们应该也不具有欧洲性或美国性。这个模型对一个市场区域内的村庄数字提供了多种可能性,施坚雅认为他所见到的中国的数据最符合于其中两环 18 个村庄的这一种。

从上面的说明中可以看出,施坚雅所谓"村庄与基层的或较高层次的市场之比,在中国任何相当大的区域内,其平均值都接近于 18"(第 22—23 页),并不仅仅是指中国各地的市场区域下

---

① 施坚雅并没有明确提出理想的、标准的市场区域应该是圆形,但在他的《中国农村的市场和社会结构》一书第一部分中,他引用罗希的理论说明,市场模型有两个必要条件,一是一个市场区域内条件最不利的村民与其他区域内条件最不利的村民相比,其不利之处应该大致相同;二是一个市场区域内条件最不利的村民距市场的距离达到最低限度。第一个条件意味着模型中的所有市场形状和大小应该相同,由于模型中的所有地区都肯定在某个市场区域内,符合要求的市场区域形状就只能是等边三角形、正方形和正六边形;第二个条件则表明,一个多边形的边越多,就越符合要求,所以它应该是正六边形(第 61 页)。事实上,正多边形的边越多,也就越接近于圆形,只不过,其他正多边形不能像正六边形那样,拼在一起后,既无重叠又无空隙。在该书第二部分的论述中,施坚雅则明确指出,在一个人群刚开始定居的平原上,最初的市场区域趋向于圆形,随着新的村庄填满了旧有村庄组成的独立圆环之间的空白,市场区域逐步扩大并互相挤压,就变成了蜂窝状,每一个市场区域被挤成了六边形(第 73 页及 116 页注 7)。

属村庄数大都在 15 到 20 个之间，因而平均值接近于 18（虽然施坚雅也确有这种意思），它还有一层进一步的意思，即，与一个市场区域包含 6 个或 36 个村庄的模型相比，这些平均值更接近于 18 个村庄的模型。用他自己的话说是："比率的变化可以通过从一种每市场 18 个村庄的均衡状态向另一种状态发展的模型来得到满意的解释——但不能通过设定每市场 6 个或 36 个村庄的稳定均衡模型来解释"（第 23 页）。

在《中国农村的市场和社会结构》第二部分中，施坚雅描述了市场的密集循环过程：开始时村庄与市场之比比较低，逐渐增长到 18，然后达到 24—30 之间，又发展到 30—36 之间，这时开始出现小市，随着新的基层市场建立，村庄与市场之比下降，会降到 18 以下，然而随着村庄的密集，再逐渐上升到均衡模型的平均值。如果假定新一轮基层市场中的第一个要在每个潜在区域都有了 12 个村庄时才会建立，那么，模型 A（代表山区）的临界点是 54 个村庄，模型 B（代表平原）是 42 个（第 85 页及 118 页注 14）。这里，"新一轮基层市场中的第一个要在每个潜在区域都有了 12 个村庄时才会建立"，只是一种假设，如果村庄与市场之比在 30 左右时新的基层市场即开始建立，这一轮新市场开始时，每个新市场下属的村庄就可能只有五六个甚至更少。

所以，对于施氏理论来说，一个市场区域包含四五个村庄到五六十个村庄的种种情形，都可以用一个市场含 18 个村庄的模型的密集循环过程来解释，而无法用一个市场含 6 个村庄或 36 个村庄的模型来解释。公正地说，村庄与市场之比从 5 到 54，几乎已涵盖了中国的绝大部分地区，仅从这一点来说，施氏理论似乎是可以被认为适用于全中国的。

尽管如此，我们仍然可以说，这个模型看起来并不符合中国的实际情况。毕竟，中国很少能看到正六边形的市场区域，而在村庄与市场之比问题上，施坚雅只知道一个村庄与市场之比超过50的实例（第 118 页注 14），王庆成先生的文章中，则举出了数例包含 90 余个村庄的集市和为数更多的一村集。其他地区说不定还会有更多有待发掘的史料，表现出与施氏理论差距甚大的情形。

　　然而，这里我们首先需要明确的是，建立数学模型，利用抽象的模型方法研究历史到底有没有合理性。我们可以否认建立这类模型的必要性，毕竟，实证分析才是最可靠、最能说明问题的。也可以否认建立这类模型的可能性，因为中国现存史料中可供建立数学模型、进行数学分析的数据不够多。但如果持这类观点，与施坚雅之间就根本不存在对话的基础，彼此的游戏规则不同，完全没有必要去进行任何争论。

　　如果我们承认数学模型、数理统计和其他各种各样的数学方法作为分析工具有一定的合理性，那么，假定市场区域是圆形，无疑要比假定它是方形、三角形、菱形、平行四边形或别的什么形状更为合理。事实上，有不少中国学者认为中国农村的市场区域基本上是圆形的。而当多个圆形挤在一起，互不重叠亦无空隙时，它们就会自然而然地变成正六边形。既要建立数学模型，又纠缠于市场区域应该有几条边或几个角，事实上并无多大意义。一个一个地描述具体的市场区域的形状，对个案研究十分重要，但以此对施氏理论模型提出批评，在我看来，同样没有多大意义。

　　那么，这些工具到底有什么用途呢，一般说来可以认为，研究现实经济时使用的一切理论、方法和工具都可以用来研究经济史，研究当代社会时使用的一切工具都可以用来研究社会史。其间的区别在于，为现实经济建立数学模型，往往是利用大量的已知资料和数据模拟或预测一种经济现象未来的发展趋势，从而为经济决策提供参考；而在历史研究中建立模型，是为了解释已经发生过的事情，有时是为了推算无法找到的数据。

（二）

尽管施坚雅认为他的市场模型无论是几何学还是经济学都不特别具有中国性，但这些模型毕竟是用于分析中国历史的，也需要用中国的具体情况来验证。可以说，施氏理论就是在这个验证和应用的过程中逐渐形成的。而理论模型与实证分析的形形色色的矛盾也体现在这个验证和应用的过程中。施坚雅的论证并不能离开中国历史，同样，我在这里的谈论也无法脱离中国的实际情况，但我将尽量尝试在施氏理论的基础上提出问题。

施坚雅在《中国农村的市场和社会结构》一书中建立模型，如许檀教授所说，把地理学的空间概念、层级概念引入了原本缺乏空间性、立体性的历史领域，从而开辟了一片广阔的新天地。[①]这个理论，这些模型，能在中国学术研究中产生巨大影响，我想正是由于这个原因。至于他运用模型分析的具体目的，其中一个是估算1948年中国农耕区域各种类型的市场及中心地的总数及现代化程度，其结果就是这本书第114页上的表6。表中的数据是否合理另当别论，至少施坚雅的分析为我们提供了一种方法、一

[①] 2004年5月在南开大学"中国农村的历史积淀与现代趋向"研讨会上的发言。

个思路。①

　　另一个目的如他所言，是阐明市场结构的空间体系，从而进一步分析其经济和社会范畴（第 21 页）。在这个分析过程中，施坚雅把本来只是一种应用工具的模型发展成为一个完整的市场理论。也正是在这个分析过程中，显示出了理论抽象与实证研究的矛盾。

　　施坚雅对市场结构的空间体系的分析，是从几何学和经济学开始的。在几何学意义上，这个模型可能确如施坚雅所说无懈可击，但在经济学意义上，就未必同样如此了。从几何学意义讲，圆形彼此挤压后，在没有重叠亦无间隙的情况下，成为正六边形是必然的。如果假定集镇及其周围的村庄占地面积大致相等，无论把它们看作圆形还是六边形，每扩大一圈，也都是恰好增加六个村庄。

　　从经济学意义看，施坚雅用以支持六边形市场区域下属 18个村庄模型的，是一个密集循环理论。在这个理论中，施坚雅提出了一种村庄发展模式。他认为，新的村庄应该建立在与两个（模型 A，代表山区）或三个（模型 B，代表平原）原有的居民点等距离的位置上，这种选点方式是由运输费用和农业生产力之间的关系决定的（第 73 页）。为了论述简单起见，我们只看平原模式。施坚雅提出，在平原地区，村庄最初建立在接近市场的地方，由于

---

① 表 6 的计算更多的是运用了数理统计中的回归分析法，第 124 页注 47、48 给出了具体的回归方程。回归分析法是数理统计中探索变量之间的关系，从而找出这种关系的具体表现形式的最重要的方法，广泛应用于社会科学和自然科学。方法本身无可非议，不过，计算回归系数时，要依赖已知的数据，数据越多越准确，计算出的回归方程就越具可用性，而施坚雅所用的资料，却如不少学者指出的，存在致命的缺陷（王庆成先生文章中即提到，施坚雅的一些论述引用的是省志，而省志中记载的市场数通常都低于县志中的记载）。

运输方便，村庄要发展得相当大后才会有新的卫星村形成。因而，后者必须建立在能使新居民点可使用的耕地达到最多的位置上，即与3个原有的居民点等距离的地方（第77页）。这里不必谈论影响村庄选址的其他因素：水源、河流走向、道路、树林、土质等等，作为一个抽象的模型，舍去这些因素无可非议。在这里，我们准备像施坚雅一样，只考虑运输问题。

　　一般来说，当新村庄是纯粹由外来的没有土地也没有其他社会关系的移民建立时，有可能会像施坚雅所说的那样，出于既能得到最大量可供开垦的土地，又能不与原有的居民点发生冲突的考虑，选择在与三个原有的居民点等距离的地方。而在既有的村庄由于人口增加，土地距村庄越来越远，不得不建立新居民点时，我们很难想象，相邻的三个村子新增的人口，会不约而同或共同约定，在与三个村庄等距离的地方建立一个新居民点。合理的假设是，最先离开老村庄的居民，应该是那些其土地距村庄最远，已经感受到运输费用造成的负担，同时现有土地又不够用的人。他们在为自己的新居选址时，比较可能选择自己已有土地的边缘，一方面守着已有的土地，一方面面对着可以开垦的荒地，从而变最不利的运输条件为最有利的条件。当然，由于与三个村庄等距离的地方会有较多的可供开垦的荒地，这三个村庄中分裂出来的部分人口都有可能朝这个方向发展，但他们应该不会在三个村庄的中点建立一个新村庄，而是在与中点有一定距离的地方分别建立一个新村庄。也就是说，假定原有的三个村庄分别位于一个等边三角形的顶点，当人口增长达到分裂点后，并不是按施坚雅设想，在这个等边三角形的中心形成一个新村庄，而是在这个等边三角形内形成一个新的等边三角形，三个新村庄分踞三个顶点。

　　这样一种设想似乎显得不够理性，而施坚雅在谈论农民行为特点时,是把中国农民视为具有经济理性的人,假设农民的行为符合理性选择原则。无论是我在农村时与农民的接触,还是研究近代中国农村时通过史料观察,都可以证明中国农民确实是理性的小农,他们完全知道自己的利益所在,会尽一切可能努力为自己争取最大利益。如果给他们以充分的自由选择的空间,他们会做出对自己最有利的选择。但另一方面,传统社会中的中国农民是一家一户的个体农民,每一个个体为自己的最大利益做出的理性的选择,合在一起时却有可能不符合集体的最大利益。

当然,这里提出的也仅仅是设想,并没有史料做依据,不过,从施坚雅的运输费用与农业生产力的平衡出发,这种设想至少应该是和施坚雅自己的设想同样合理的。

施坚雅对新居民点用了一个词:卫星村。这是个很传神的词,充分说明了这类新居民点的性质。一个行星可以有许多卫星,但三个行星共有一个卫星却不大可能。如果我们进一步把社会因素加入进去(考虑到施氏理论对基层市场社区的分析,加入社会因素是有充分理由的),与三个村庄等距离的地方就更不容易成为首选位置。一个没有外来因素,完全由于人口增长而发生分裂的村庄,其分离出去的人口与原来的村庄有着千丝万缕的社会联系。原有村庄中可能仍居住着他们的祖父母、父母、兄弟和其他亲戚,需要常来常往。原有村庄土地上有他们的祖宗坟墓所在,他们自己将来也仍然要埋葬在其中。存在宗族势力的农村,分离出去的人口仍属于原有村庄的宗族,在最初阶段仍要在原来的祠堂中祭祖。这些都决定新村庄的地址不应该离开原有村庄太远,一般也不会由三个村庄中分裂出来的人口构成。

中国各地都有不少村庄,取名大王庄、小王庄、前李村、后李村,东陈庄、西陈庄之类,从这样的村名中我们可以推断,它们有可能原来就是一个村庄，在过去的年代发生了分裂，至少有这类村名的村庄，应该不会是由邻近三个村庄的人共同建立的。这样形成的村庄，仍然有可能彼此距离相等，但它们是否能发展到人口耕地等也相同，是有一定的疑问的。王庆成先生的文章中，提到华北有不少只有几户人的小聚居点，自己构不成独立村庄，由附近的村庄代管，是否就是这样的卫星村？

（三）

在新集市的形成问题上，施坚雅认为其方式与新村庄的形成相同，即新的市场应该建立在与两个（模型 A，代表山区）或三个（模型 B，代表平原）原有的基层市场等距离的位置上，这是为了获得标准的 18 个下属村庄，同时不必侵蚀原有基层市场的领地（第 78—80 页）。然而，与新村庄建立的情形一样，这个设想也并不十分合理。中国传统社会中农村新集市的建立，像新村庄的建立一样，也有人为设立和自然形成两种情形。人为设立，指或由官府下令，或由地方绅士或彼此邻近的村庄的头面人物倡议设立的集市，这种集市有可能选择与两个或三个原有市场等距离的地方（但也不是必定如此）。至于自然形成的集市，情形就不同了。我们可以设想一下，位于市场区域边缘地带的农民，赶集要走的路相对较远，而他们出售的农产品的买主，可能就住在他们赶集路过的村庄，或者最后一段路与他们同行，于是彼此在路上适当的地方进行交易，例如三岔路口、渡口、凉亭之类人们常常休息的地方，或较大村庄的村头路边。随着人口增长和村庄的密集，这种中途的交易量会越来越大，久而久之，这样的地方就形成了新的集市。特别是对于那些较新鲜、重量较大、消费周期较短的农产品,如蔬菜之类,最容易产生这类市场。通过这种方式形成的新集市的位置,比较可能是在从市场区域边缘到市场之间的某个地点,而不是在与两个或三个原有市场等距离的地方。这样一种设想,尽管与施氏理论有很大不同,但其原则是一致的:在这里起作用的仍然是赶集距离和市场容量。

我曾亲身经历过一个乡村集市的诞生过程。20 世纪 60—70年代,我在云南惠民农场上山下乡,惠民是勐海—澜沧公路上的一个小站,位于山区。公路一侧的一块空地上坐落着几栋房子,包括一个转运站、一个小饭馆、一家国营商店和一家小旅店。转运站承担着商品中转任务,山里的山货土产通过牛帮马帮驮运出来在此装上汽车,外来的商品用汽车运来在此卸下,通过牛帮马帮运入不通公路的深山区。这些房子两两相对,形成了一条十几米长的小街,公路另一侧尚有一个邮政代办所。农场场部和 7 个生产队分布在公路两边,距公路最远的大约有 3 公里。

这个地方当地人叫它惠民街,但它并不是集市所在地(云南的集市叫街子,赶集称赶街),尽管看起来它似乎具备成为集市的条件。当时还是计划经济年代,农村集市受到一定限制,集期统一规定为星期日。每逢集期,附近方圆十几公里寨子中的山民(多为佤族和拉祜族)背着各种山货经山路到惠民街,然后再沿着公路走 12 公里,下到邻县傣族聚居的勐满坝赶街。

惠民农场建立之后,特别是大批知青来到之后,周围地区突然增加大量人口,由于国营农场职工是领工资的,经济实力增长幅度更大。农场职工最初是在街子天拦截赶街的山民,向山民们购买水果、青菜、鸡蛋之类。山民们逐渐发现,把商品卖给农场职工,不会比在勐满坝卖的价格低,多半还会更高。如果山民只需要盐和煤油之类必需品,在惠民街上就可以买到,来回可以少走

24公里的路，节省很多时间和力气。于是，越来越多的山民愿意停下来与农场职工交易，甚至主动在农场寻求买主，而最后他们意识到，在惠民街这个各队到场部及各队成员彼此交往都是必经之处的地方摆摊，等待农场职工来交易是最合理的方式；惠民街上的国营商店适应这一新形势，销售商品的花色品种逐渐增加；"知青"购买的商品扩大到木耳、茶叶、各种干果直至中药材之类可以作为特产带回城市的东西；加上农场自办的职工商店和医院也为山民服务。我在惠民的最后两年，惠民街终于形成了一个名副其实的街——定期集市。

当然，惠民的例子可能只是那个特殊时期的一个特例，我甚至不知道"知青"大回城之后这个集市的命运如何。但有几点是明确的，首先，这个集市是自发形成的，完全出于经济原因。在计划经济时期，这个集市事实上是不合法的，它没有被取缔，我想一是由于它实在太小，二是由于它主要是为"知青"所需。其次，这个地点，肯定不是在与两个原有市场等距离的地方，除了勐满坝和50多公里外的澜沧县城中的市场，附近并无其他集市，而赶惠民街的所有山民，以前都是前往勐满坝赶街。最后，它不能取代勐满坝的集市，因为它不能满足山民对坝区产品的需求，山区大部分产品也仍要在坝区寻找市场。还要说明的是，勐满坝的农民没有人到惠民来赶街。

（四）

把市场结构作为一个社会体系来分析，是施氏理论的一个重要组成部分。而正是在这一部分，我们看到了他的空间结构体系与社会体系的矛盾之处。施坚雅用图解模型说明市场结构，加上数理统计方法的计算,得出的一个重要结论是,中国农村典型的基层市场区域为 18 个左右村庄,1500 户人家,分布在 50 平方公里土地上。以此为基础,施坚雅建立起他的基层市场社区理论。施坚雅认为,农民的实际社会区域的边界由他的基层市场区域的边界决定,这种区域既是一种社会结构,又是一个文化载体。它与权力结构、宗教活动有很大的一致性,农民在基层市场区域内部通婚,基层市场区域会形成自己的习俗、方言、风味食品、穿衣戴帽的方式、绣花的图案等,不同市场区域使用的度量衡存在巨大差异。总之,基层市场区域是一个农民自给自足的范畴,一个有相当大的分立性的社区(第 44—51 页)。

然而,如前所述,施坚雅提出新的市场应该建立在与两个(模型 A,代表山区)或三个(模型 B,代表平原)原有的基层市场等距离的位置上,最终把这两个或三个市场各自区域中的一部分村庄组合成一个新的市场区域。这里,我们要问一句,如果施坚雅的社区理论成立的话,怎么能想象,在与这样三个社区等距离的地方,会形成一个新的集市,从而把各个方面都存在差异的三个社区各自的一部分融合成一个新的社区?

当然,如果施坚雅的社区理论不成立,融合三个不同市场区域各自的一部分形成一个新的市场区域就没有多大困难。我们也不否认,新市场事实上可能会在距原有的两个或三个市场等距离的地方产生。问题在于,施坚雅的社区理论恰恰是在分析了作为空间体系和经济体系的市场结构之后形成的,此后,又是施坚雅自己,在论证了一个农民对他的基层市场区域的社会状况有充分良好的了解,而对基层市场区域之外的社会区域却全无了解(第 45 页)之后,又用图解的方式告诉我们,新市场是如何把原有市场范围内边缘地带的村庄变成了自己的腹地的（第 79 页图 5.5）。

在《中国农村的市场和社会结构》一书第 41—42 页的表 1（"基层市场社区的平均面积和人口"）中，施坚雅计算出的市场社区平均人口最高的是 8870 人，典型的情况则是 7870 人。而在王庆成先生的文章中，河北、山东、山西 40 余州县中，竟有 18 个市场圈人口在万人以上。最高的是直隶的栾城县，市场圈平均人口达 29052 人。固然，以这种非常具体的实例批评一种抽象的理论并不一定合适，假如问题只在于不同人口密度下的市场区域会有多少人口，那么有许多实例与理论估算不符是完全正常的，并不能说明理论本身存在重大缺陷，何况施坚雅的估算乃是平均数，实际数值必然有高也有低。但站在施坚雅的社区理论角度看，一个农民对一个人口不足 9000 的基层市场区域的社会状况可能会有充分良好的了解，但对一个人口将近 3 万的区域，他还能够有这样的了解吗？此外，王庆成先生文章中的实例并不是个别的特例，而是在华北占了相当大比例的现象。施氏理论实际上对这种情况是无法解释的。[1]

（五）

在施坚雅的理论中，密集循环过程占有一个重要的地位。在这个过程中，随着人口增长，村庄密度也不断提高。每经过一个循环过程，集市与村庄之比达到一个新的平衡。最初是一群群离散的村庄稀疏分布，当新建村庄把空白逐渐填满时，整个模型达

---

[1] 施坚雅自己也承认"在一个包含了 50—75 个村庄的体系内，几乎无法实现充分的了解和有效的一致性"（第 105 页）。他的解释是这样的体系已因现代交通的发展而变成了"现代贸易区域"，但这种解释显然不符合晚清华北的实际情况。

到一个稳定的平衡。此后,新的村庄无法向市场区域之外扩张,形成更大的市场区域,而是不断地在与两个或三个邻近村庄等距离的地方建立,村庄密度达到一定程度,新的市场就会形成,原有的集镇成为高一层次的市场,整个体系再一次达到稳定平衡状态。

初看起来,这一过程似乎是合理的。但是,这一过程不可能无限重复,尽管中国的人口确实在不断增长。按照施坚雅本人的观点,新定居点的建立,是由运输—生产平衡决定的。然而,在全部荒地(至少是较大面积成片的荒地)都已获得开垦的地方,新增人口的生活,或是靠开垦相对贫瘠、以前人们不愿开垦的土地及大块耕地之间的边边角角土地和河滩沟边等;或是在原有土地上投入更多的资本和劳动,提高农业生产力;或是发展工副业生产等等。这种时候,再建立新的居民点就没有必要了,因为运输对这些方面的发展不构成主要问题。① 在人口继续增长,而村庄并没有继续增多的情况下,如果原有集市不能容纳不断增长的人口,会发生什么情况呢? 毕竟,决定市场交易量的是一个市场区域中的人口数量,而不是村庄数目。所以,可能会出现这种情况:随着人口增长,原有市场的容量不足,从而出现了新的市场,但由于村庄不再进一步密集,这些新市场的下属村庄数目永远也达不到模型要求的标准数 18。

另一方面,如前所述,施坚雅曾假定,新一轮基层市场建立的临界点可以是 54 个村庄或 42 个村庄,当新的基层市场一个又一个地建立时,村庄与市场之比下降,会降到 18 以下,然后随着村

---

① 施坚雅的模型的假定前提是:同纬度的平原,各种资源均匀分布(第 21 页),那就连相对贫瘠的土地和河滩沟边之类土地都不存在,建立新居民点就更无必要了。

庄的密集，再逐渐上升到均衡模型的平均值，原有的基层市场上升为高一层次的市场。集市，如施坚雅所说，是有一定的设施的，①如果一个集镇随着市场圈人口增长和交易量的不断扩大，市场设施也不断增加，达到能够容纳周围四五十个村庄商品交易的程度，同时市场容量还有继续扩大的潜力，而这一地区的市场密度又已达到一定程度，以至市场区域面积不是很大，距集镇最远的村庄居民也并不需要走很长距离才能赶集，这样的一个市场是否一定会分裂，农民是否会放弃现成的市场设施，放弃习惯了的市场位置甚至交易对象，去建立一个新的市场呢？一个庞大的有几十个村庄的市场圈，真的会下降到只剩下十几个甚至几个村庄，然后才再度上升到 18 个村庄吗？尤其是在这个市场并没有衰败，反而上升为中间市场，商品集散功能更强大的情况下。

我设想，像村庄在达到一定程度后不再进一步密集一样，市场在达到一定程度后也有可能不再进一步密集，而只有市场圈中的村庄数增长。这种情况下，市场模式仍然可以符合施坚雅的六边形模式，只不过是变成了符合 36 个或 60 个村庄的模型。即使边缘地带形成了新的市场，附近的农民是否会仅仅由于距离的原因被吸引到新的市场去？王庆成先生的文章中，提到有一些村庄不赶距离最近的集，却要赶比较远的集。有没有可能，比较近的集市形成得晚，集市规模小，所说的村庄居民已习惯原有集市，认为那些集市更能满足自己的需求，因而对新出现的集市不感兴趣？

按照施坚雅的说法，在密集循环过程中形成的高层次市场，

---

① 当然，有些基层集市是在村庄附近的空地上聚会，并没有什么固定设施，不过，能升级为中间市场的集市，应该不在此列。

同时仍然行使基层市场的功能,它的基层市场区域仍然是 18 个
村庄。这样的集镇,它的集市常常有大集小集之分,大集行使中
间市场职能,小集行使基层市场职能。较高层次的集镇可能确实
如施坚雅所说,有大集和小集之分,但小集可以只行使基层市场
职能,大集却未必只行使中间市场职能,有什么能阻碍农民在大
集日一次满足他对基层集市和中间集市的全部交易需求呢? 而
如果农民可以在中间市场上一次满足他的全部交易需求,他又为
什么一定要分别赶不同的集市呢?

　　如果我们把这几方面的设想综合考虑,在人口充分密集后,
是否有可能出现下面的情况之一:

　　1. 在密集循环过程中,随着人口增长和商品交易量的扩大,
集市的容量也不断扩大,市场圈从 18 个村庄扩大到了 36 个或 60
个或更多的村庄,从而改变了这一地区的市场体系模型。既然六
边形模型本身提供了多种可能性,为什么要坚持 18 个村庄这一
种模式呢? 〔其实,从《中国农村的市场和社会结构》图 5.3—5.5
(第 75、78、79 页),市场区域已经发展到了三个外环,只是施坚雅
认为,此时沿市场边缘应该形成一系列新市场,最终各个市场区
域的所有外环都将分别成为这些新市场的下属村庄。〕

　　2. 原有的基层市场上升为中间市场,同时周围也形成了一圈
新的基层市场。但这个中间市场自身的基层市场区域并没有下
降到 18 个村庄,新形成的基层市场也没有获得标准的 18 个下属
村庄。如果考虑到六边形模型的要求,新的中间市场,其基层市
场区域可能有 36 个下属村庄,而周围的新的基层市场则可能只
有 6 个村庄。这一设想违背了"模型中的所有市场形状和大小应
该相同"这一原则,不过,如果新的中间市场的基层市场区域内的
农民,可以在大集日一次满足他对基层集市和中间集市的全部交

易需求，尽管居住在边缘地带的农民赶集时走的距离较长，但与其他市场区域内条件最不利的村民相比，并不一定处于更为不利的地位。当然，这个设想还会产生一个问题：如果基层市场区域面积不是同样大（中间的大，周围的小），新形成的一圈基层市场就应该多于 6 个，似乎会破坏六边形模型。不过，在这样一个模型中，如果假定新形成的基层市场形状和面积相等，它们的数目就很可能是 6 的倍数，六边形模型仍然可能成立。

其实，施坚雅的理论也是可以支持这种设想的。他提出新市场要建立在与两个或三个原有的市场等距离的地方，一个目的是获得标准的下属村庄，同时不侵蚀原有市场区域村庄环的完整（第 78—80 页）。如果事实确是这样的话，在密集循环过程中，就有可能出现原有市场区域一直保持 18 个村庄，而新市场的下属村庄从五六个开始，最后逐渐上升到 18 个。即是说，施坚雅所说随着新的基层市场建立，村庄与市场之比下降，降到 18 以下，应该是指由于新市场下属村庄较少，造成了平均值下降，而不是新市场的成立使老市场下属村庄数下降。既然在原有市场上升为高一层次市场的过程中，可能出现过原有市场区域较大，周边的新市场区域较小的情况，那么，这个态势最终会固定下来，成为一种新模式，也不是不可想象的。

3. 原有的基层市场也许上升也许没有上升为中间市场，但周围新形成的市场始终保持小市的形态，即交易商品仅限于农产品的平行交换，只是为了满足本地自给自足的需求，实际上不提供劳务或输入品。王庆成先生的文章中提到了华北存在一些一村集，可能就属于这种情况。施坚雅是把这种小市当作过渡形态，不视为一个市场层级的，这类小市在商品流通方面也的确不起多大作用，但在实现村庄居民农产品自给自足方面相当有效。

4. 在密集循环过程中,随着人口增长和商品交易量的扩大,集市容量不断扩大,市场圈从 18 个村庄扩大到了更多的村庄,比如 60 个甚至更多,同时基层市场功能升级,上升成为中间市场,但它周围并没有形成新的基层市场。

最后这个设想与施坚雅由传统的变化到近代的变革理论不同。施坚雅的理论是,市场体系在变革过程中,首先是出现大量新的基层市场,然后随着现代贸易中心的发育,基层市场又逐渐消亡,最后只剩下由中间市场或是更高层次市场形成的现代贸易中心,这时,市场圈也扩大为 60 到 90 个村庄(第 102—104 页)。而这里所设想的情况,仍然属于传统的变化范畴。

在施坚雅的理论中,对传统体系中的中间市场没有明确的定义,只说它在各方面都处于中间地位。但在具体描述中提出,中间集镇上包括为行商提供商品的店铺和兼具批发零售功能的商号(第 6、38 页)。那么,只要一个市场具有批发功能,一个集镇上有中间市场应有的设施,只要它能够满足农民和商人对一个中间市场的要求,即使它没有下属的基层市场,应该也可以把它视为一个中间市场吧?

以上种种设想的依据其实仍然来自施氏理论。

施坚雅在《中华帝国晚期的城市》中,提出了他的另一个著名理论——巨区理论。即进行城市化研究时应把中国农区分为几个大区。不论施坚雅提出的具体的分区是否合理,这个观点本身应该说是极有见地的。以中国这样一个地域广阔、人口众多、自然环境复杂、社会经济发展又极不平衡的国家,无论是研究城市化问题还是其他问题,把整个中国作为单位,或以省份等行政区作为单位,都是不相宜的。

然而,尽管施坚雅的市场理论是他的城市化理论的组成部分，甚至可以说是一个基础；尽管正是他本人在进行中国城市化研究时提出了分区观点，而且认为地区间只有脆弱的联系，每个地区城市化的程度和城市体系都有自己的特点，发展周期有自己的节奏；①尽管他的分析框架本身就提供了多种可能的模式；他研究中国农村市场时却仅仅选择了其中的一种，把这一种模式应用到了全中国。我想，施坚雅的理论看起来既符合又不符合中国的历史实际，给人种种矛盾的印象，可不可能这是其中一个因素呢？历史是在时空中变幻的，是否有可能，在中国的不同区域，市场结构按照施坚雅的理论抽象后，分别适合于六边形模型的不同模式？是否有可能，一个地区的市场结构在发展过程中——按照施坚雅的说法，经过一次密集循环过程，达到新的稳定平衡——没有保留原有的模式，而是由一种模式变形成为另一种模式？

所有这些问题均属空拟，既无充实的史料作依据，暂时也不可能有什么答案。我目前更没有能力像施坚雅那样建构一个完整的理论体系——尽管以现在的计算机技术，做一个类似的模型要比施坚雅当年容易得多——只好说是一种另类的思考。不过，愚者千虑，或有一得，希望我的文章能引出同行们的批评，更希望能引出研究者的真知灼见，即或不然，只要有读者以为读这里写的这些文字尚不至于是虚掷时间，我也就可以安心了。

（本文发表于《近代史研究》2004 年第 4 期，收入本书时对个别地方做了修改。）

---

① （美）施坚雅主编，叶光廷等译：《中华帝国晚期的城市》，中华书局 2000 年版，第 242—252 页。我以为中国各地区确实有各自的发展特点，但并不赞同施坚雅对各巨区之间联系的弱化。

"海外中国研究丛书"书目